Sybille Baecker

Whisky Trails

Für Frank, Bernd, Ute und Rainer
und all meine anderen Wegbegleiter
auf dem Whisky Trail ...

WHISKY TRAILS
Sybille Baecker
SCHWABEN
Ein Reisehandbuch

DRYAS

1. Auflage 2019

Herausgeber: Dryas Verlag, Frankfurt am Main

Karten: Ralf Bitter
Innenseitengestaltung: Guter Punkt, München
Projektmanagement: Sandra Thoms, Frankfurt
Korrektorat: Birgit Rentz, Itzehoe
Bilder: © Sybille Baecker, © Robert Mitschang (S. 17, 25, 93, 104), © Katja Wündrich & Seonaidh Adams (S. 6/7 u.), © Berghof Rabel (S. 8), © SinGold Destillerie (S. 18), © Jörg Romanowski, Tübingen (S. 29), © Doinich Daal (S. 31, 115, 116, 117), © Destillerie Old Gamundia (S. 44, 45), © Waldhornbrennerei (S. 64), © Hermann Mühlhäuser, Oberwälden (S. 47 o.), © Daniel Schneider, schneider-fotos.de, Gomaringen (S. 52, 113), © Markus Zaiser (S. 88, 89), © Ammertal Brennerei (S. 107, 109), © finch® Whiskydestillerie, Heroldstatt (S. 136, 137), © Brennerei Feller KG (S. 139 u.), © SchwabenMalz, Malzfabrik Ludwig Zimmermann (S. 143), © Allgäu Brennerei (S. 149, 150), © Moritz Steinhauser (S. 152 u.), © Georg Plass (S. 160), © Gordon Below (S. 170)
Umschlaggestaltung: Guter Punkt, München unter Verwendung von Motiven von shutterstock und alamy
Druck: CPI books GmbH, Ulm

Bibliografische Information der Deutschen Bibliothek: Die Deutsche Bibliothek verzeichnet diese Publikation in der Deutschen Nationalbibliografie, detaillierte bibliografische Daten sind im Internet über http://dnb.ddb.de abrufbar

ISBN: 978-3-940855-87-9
www.dryas.de

INHALT

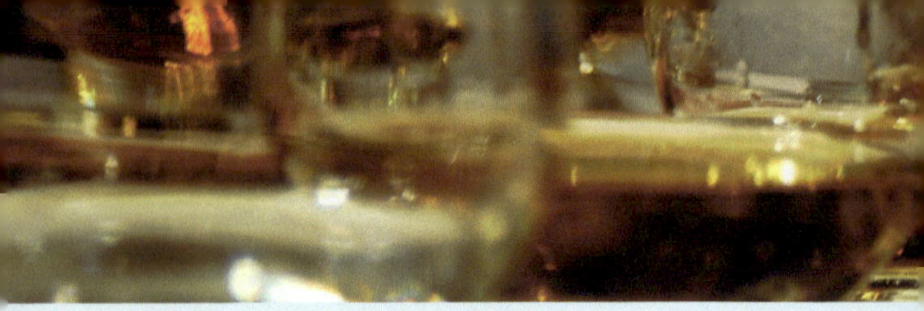

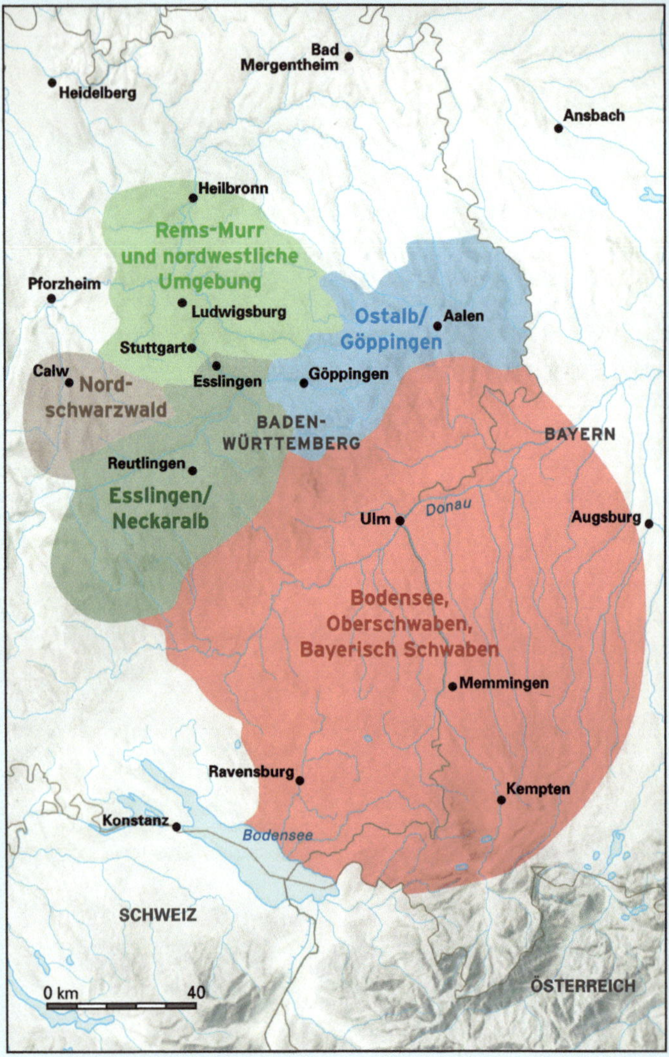
Bad
Mergentheim
Heidelberg
Ansbach
Heilbronn
Rems-Murr
und nordwestliche
Umgebung
Pforzheim
Ludwigsburg
Ostalb/
Göppingen
Aalen
Stuttgart
Calw
Nord-
schwarzwald
Esslingen
Göppingen
BADEN-
WÜRTTEMBERG
BAYERN
Reutlingen
Esslingen/
Neckaralb
Ulm
Donau
Augsburg
Bodensee,
Oberschwaben,
Bayerisch Schwaben
Memmingen
Ravensburg
Kempten
Konstanz
Bodensee
SCHWEIZ
0 km
40
ÖSTERREICH

EIN PAAR WORTE VORWEG

Whisky Trails in Schwaben? Na, das wird ein kurzer Spaziergang, mag manch einer denken. Doch weit gefehlt. Der Whisky boomt. In Deutschland gibt es mittlerweile mehr als 180 Brennereien, die sich – meist neben anderen Edelbränden und Destillaten – auch dem Whiskybrennen widmen. Das sind weitaus mehr Destillen, als es beispielsweise in Schottland gibt. Zwar können die deutschen Whiskybrenner noch nicht in der Größe mithalten – selbst die größte deutsche Whiskybrennerei ist zurzeit noch kleiner als die kleinste offizielle schottische Destillerie –, aber sie bringen eine unglaubliche Vielfalt des Lebenswassers auf den Markt.

In Schwaben ist mit mehr als dreißig Whiskybrennereien die Brennerei-Dichte in Deutschland so hoch, dass man geneigt ist, es als das schwäbische Pendant zur schottischen Speyside zu bezeichnen. Eine Auswahl dieser schwäbischen Whiskybrennereien möchte ich Ihnen in dem vorliegenden Band vorstellen.

Doch als Erstes galt es, die geografischen Grenzen Schwabens auszuloten, denn eine offizielle Karte hierzu gibt es nicht. »(…) Die Gegend zwischen dem Schwarzwald im Westen und dem Lech im Osten, dem Bodensee im Süden und dem südlichen Teil der Region Heilbronn-Franken im Norden (…)« So lautet ein Auszug eines Wikipedia-Eintrags von 2018. Die Auskunft, die ich beim Landesvermessungsamt anfragte, war nicht konkreter.

Innerhalb dieser Grenzen habe ich mich bewegt und mich auf die Suche nach

Kupferner Brennkessel der Brennerei Berghof Rabel

interessanten Brennereien gemacht. Viele Brennereien befinden sich in relativ kleinen Orten, sodass sie leider mit öffentlichen Verkehrsmitteln nicht immer gut zu erreichen sind und eine Anreise mit dem eigenen Pkw manchmal unumgänglich ist. Daher finden Sie bei den Beschreibungen zu den Destillerien auch Tipps zu Unterkünften, damit Sie ein Tasting in Ruhe genießen können, ohne sich Gedanken über Ihre Verkehrstüchtigkeit machen zu müssen. Außerdem habe ich noch den einen oder anderen Ausflugshinweis in den verschiedenen Regionen für Sie, sodass der Whisky Trail eine abwechslungsreiche Genussreise werden kann.

Nicht jede Brennerei bietet Führungen an, denn zum Teil handelt es sich um kleine sogenannte Abfindungsbrennereien, in denen der Whisky (und meist auch andere Destillate) im Nebenerwerb gebrannt wird. Aber auch wenn die deutschen Brennereien in der Regel noch nicht über große Besucherzentren verfügen, lohnt sich ein Besuch. Häufig kann nach individueller Vereinbarung ein Termin für eine Brennereiführung mit Tasting vereinbart werden. Hierbei bekommen Sie hervorragende Einblicke in die Arbeit der Destillerie und können oft mit dem Brennmeister persönlich fachsimpeln, sodass Sie viel über den Entstehungsprozess und die Hintergründe des schwäbischen Whiskys erfahren.

Alle Informationen wurden 2018 recherchiert. Im Laufe der Zeit können sich Änderungen bei den Öffnungszeiten ergeben. Auch die Preise von Führungen und Tastings variieren, da viele Brenner diese individuell abstimmen – je nach Gruppengröße und gewünschtem Programm. Schauen Sie am besten vor Ihrem Besuch auf die Website der jeweiligen Brennerei oder rufen Sie dort an.

Und noch ein Tipp: Die meisten Brennereien sind landschaftlich sehr schön gelegen. Planen Sie etwas mehr Zeit ein, sodass die eine oder andere Besichtigung oder kleine Wanderung noch ins Programm passt.

Bei meinen Gesprächen mit den Brennern klang immer wieder die Liebe zur Region, die Leidenschaft für den Whisky und der Wille, mit regionalen Rohstoffen ein qualitativ hochwertiges Produkt zu schaffen, durch. Diese Verbundenheit mit der Region sowie die Experimentierfreude und das »Schaffige« des Schwaben, gepaart mit dem abwechslungsreichen Klima zwischen Schwäbischer Alb, Allgäu und Bodensee, ist es, was den schwäbischen Whisky so besonders macht.

Ich wünsche Ihnen eine spannende Reise auf dem »Whisky Trail Schwaben«.

rechts: Fasslager im Gewölbekeller der Ammertal Brennerei

ORIGINAL
AMMERTAL WHISKY
www.lamm-tuebingen.de
Single Malt
56%
F-2005
2-Belegung
Schwäbischer
Single Malt
63%
GSM
F2-11/2006
Whisky
Malt + Grain
1 4
D+F-2002
1 Jahr Barrique
1 Füllung
63%
Single Grain
F-11/06
62%
Whisky
Ammertal
Whisky
D-1992
F-1993
Whisky
F-95

»'S LÄNDLE BRENNT« – GESCHICHTE DES SCHWÄBISCHEN WHISKYS

Mit diesem Slogan wurde 2010 der erste »Schwäbische Whiskytag« in Tübingen beworben. Und spätestens seit diesem Zeitpunkt ist der schwäbische Whisky aus dem Ländle nicht mehr wegzudenken.

Gebrannt wird in Süddeutschland schon seit Generationen. Doch handelte es sich dabei in der Hauptsache um Obstbrände. Die heimischen Streuobstwiesen, die insbesondere die Landschaft der Schwäbischen Alb und des Bodensees prägen, liefern mit Zwetschgen, Kirschen, Birnen, Äpfeln, Quitten und mehr die notwendigen Rohstoffe. Aber auch Korn wurde

bereits zum Ende des 15. Jahrhunderts gebrannt. Im Schwabenland war dies jedoch lange Zeit nicht besonders gut angesehen.

Als ein Vorläufer des zwar nicht schwäbischen, jedoch deutschen Whiskys kann der 1818 im oberpfälzischen Erbendorf gebrannte und in Fässern gelagerte »Braune Bauernkorn« genannt werden. Die Brennerei Schraml existiert noch heute. Der Herstellungsprozess wurde zwischenzeitlich verfeinert, und der Whisky erhielt einen neuen Namen: »Stonewood«.

Der erste deutsche Whisky kam 1983 aus der fränkischen Whiskydestillerie Blaue Maus in Eggolsheim, die mittlerweile zahlreiche Whiskys im Programm hat.

Ins Ländle hielt der Whisky 1989 offiziell Einzug. Seinerzeit machte sich eine Gesandtschaft des Landesverbands der Klein- und Obstbrenner Nord-Württemberg e.V. auf den Weg nach Schottland, unter ihnen der Owener Brenner Christian Gruel (für Zugereiste: »Owen« ist ein altdeutscher Ortsname und wird »Auen« ausgesprochen). Natürlich führte bei dieser Reise kein Weg an den großen schottischen Whiskybrennereien vorbei. Zurück im Ländle fasste Gruel den Entschluss, dass man es auch hier einmal mit dem Edelbrand versuchen könnte. Eine gute Basis an Brennererfahrung war vorhanden. Geeignete Brennapparate standen ebenfalls bereit. Hierbei handelte es sich zwar nicht um die eindrucksvollen großen kupfernen Pot Stills, wie man sie aus schottischen oder irischen Destillen kennt, aber dafür waren kleinere Brennapparate mit kupferner Brennblase vorhanden, ergänzt durch eine sogenannte »Verstärkerkolonne« mit mehreren Glockenböden. So ausgestattet bestand die Möglichkeit, einen feinen, sauberen und qualitativ hochwertigen Brand herzustellen.

Nun galt es, diesen Prozess zu verfeinern und das Destillat in ausgewählten Holzfässern zu besonderer Reife zu führen. Die Lehrjahre begannen, denn um Brenner Markus Zaiser zu zitieren: »Einen guten Whisky herzustellen, ist mehr als

nur einen Kornbrand drei Jahre in ein Holzfass zu legen.«

Wie kam es nun, dass sich gerade in Schwaben so viele Brenner dem Whisky zuwandten? Im deutschen Brennrecht gibt es eine Besonderheit: Es wird zwischen Abfindungs- und Verschlussbrennerei unterschieden.

In aller Kürze erklärt sich der Unterschied wie folgt:

Abfindungsbrennereien sind Klein- und Obstbrennereien, in denen im landwirtschaftlichen Nebenerwerb Obst und zum Teil auch Getreide gebrannt wird. Sie sind auf ein jährliches Kontingent von 300 Litern reinen Alkohols limitiert und streng reglementiert. So durften die Brennblasen maximal über ein Volumen von 150 Litern verfügen und die Verstärkerkolonne nicht mehr als drei Glockenböden haben.

Das Besondere an diesem Recht ist, dass die Brenngeräte nicht unter zollamtlichem Verschluss stehen. Der Brenner meldet die Menge des Materials, das er brennen möchte, beim Zoll an. Die aus dem gemeldeten Obst oder Getreide zu erwartende Menge Alkohol wird im Vorhinein anhand von amtlichen sogenannten Ausbeutesätzen berechnet und dementsprechend versteuert. Ist das jährlich genehmigte Limit erreicht, darf kein weiterer Alkohol gebrannt werden.

Dieses historische Brennrecht, dessen Ursprünge auf das Reichsbranntweinsteuergesetz von 1887 und das daraus folgende Branntweinmonopolgesetz zurückgehen, war auf heimisches Obst und Getreide begrenzt und wurde den Landwirten im süddeutschen Raum seinerzeit eingeräumt, um der Bevölkerung eine zusätzliche Einnahmequelle zu offerieren, dem Staat gute Steuern zu bescheren und die Region wirtschaftlich zu fördern. Zudem blieb durch die Pflege der Streuobstwiesen die Kulturlandschaft erhalten, und in ertragreichen Jahren konnte überschüssiges Obst verarbeitet werden. »Nix verkomme lasse«, eine Maxime des fleißigen Schwaben.

Um dieses Brennrecht zu erwerben, mussten vorgegebene Bedingungen erfüllt sein. So musste der Brenner beispielsweise eine bestimmte Größe landwirtschaftlicher Nutzfläche oder Streuobstwiesen bewirtschaften. Auch die Weitergabe des Brennrechts unterlag strengen Vorschriften.

Die wesentlichen Unterschiede einer Verschlussbrennerei zu einer Abfindungsbrennerei liegen darin, dass eine Verschlussbrennerei nicht auf eine bestimmte Alkoholmenge limitiert ist und der produzierte Alkohol einem höheren Steuersatz unterliegt. Dabei steht das Brenngerät, das größere Ausmaße haben darf als das der Abfindungsbrennereien, unter zollamtlichem Verschluss.

Das bedeutet, dass die Geräte vollständig verplombt sind, sodass kein Alkohol unbemerkt entnommen werden kann. Die Steuer wird nicht wie bei der Abfindungsbrennerei im Vorhinein gezahlt, sondern erst mit Abfüllung und Verkauf, sie bezieht sich somit auf die tatsächlich hergestellte Menge Alkohol. Eine Pflicht zur Bewirtschaftung einer bestimmen Fläche Ackerland oder Obstanlage besteht hier nicht.

Plombe an einer Verschlussbrennerei

Das Recht der Abfindungsbrennerei wurde bis Ende 2017 hauptsächlich in Baden-Württemberg und Franken vergeben. Durch diese Historie bedingt ist die Zahl der Klein- und Obstbrenner im Süden der Republik relativ hoch. Da es hin und wieder Jahre gibt, in denen die Obsternte schlecht ausfällt, wurde in diesen Jahren das erlaubte Alkoholkontingent mit Getreidebränden aufgefüllt, sofern

Destillerie Bosch Edelbrand arbeitet mit zwei Brennblasen für Rau- und Feinbrand.

der Brenner die entsprechende Genehmigung besaß. Schlussendlich folgte um das Jahr 1989 die Erweiterung der Produktpalette vom einfachen Kornbrand zum ersten Whisky in Schwaben.

Das Branntweinmonopolgesetz wurde zum 31.12.2017 aufgehoben. Die steuerlichen Regelungen sind seither im Alkoholsteuergesetz festgeschrieben. Die Möglichkeit des Erwerbs eines Brennrechts für eine Abfindungsbrennerei wurde auf das gesamte Bundesgebiet ausgeweitet, sodass es zukünftig auch kleinere Brennereien im Norden oder Osten Deutschlands geben kann.

Nicht gesetzlich festgelegt ist übrigens, ob es nun »Whisky« oder »Whiskey« heißen muss. Seine Ursprünge hat das Wort »Whisky« im Gälischen. Es leitet sich von »uisge beatha« ab, was so viel bedeutet wie »Wasser des Lebens«. Im Laufe der Zeit entstanden Zwischen-

SinGold Destillerie

formen wie beispielsweise »usky«, woraus schlussendlich der heute bekannte »Whisky«/»Whiskey« wurde. In der europäischen Spirituosenverordnung wird beides genannt: »Whisky« oder »Whiskey«. Die Vorschriften sind dieselben. Der Unterschied liegt wohl im Herkunftsland: Die Schotten brennen Whisky, die Iren gönnen sich ein »e« – Irish Whiskey. Nach bisher unbelegter Überlieferung kam dieses »e« allerdings erst Anfang des 20. Jahrhunderts hinzu, um sich vom schottischen Nachbarn zu unterscheiden. Fliegt man über den großen Teich, trinkt man in Kanada Whisky und in den amerikanischen Bundesstaaten Whiskey. Im Rest der Welt ist es mal so, mal so. Der Schwabe passt sich der schottischen Sparsamkeit an und schreibt sich (meistens) ohne »e«.

Auf Ihrer Reise mit diesem Buch durch Schwaben werden Sie kleinste, kleine und mittelgroße Abfindungsbrennereien kennenlernen, aber auch große Verschlussbrennereien. Die Vielfalt ist immens – sowohl bei den Brennereien als auch bei den produzierten Whiskys. Der Schwabe zeigt sich seinem Ruf entsprechend innovativ und experimentierfreudig. Neben dem klassischen Single Malt aus Gerste finden sich Malts aus Roggen sowie Grain Whiskys aus beispielsweise Weizen, Roggen oder Dinkel.

Seien Sie neugierig und aufgeschlossen – es gibt viel zu entdecken.

'S ISCH KOI MOSCHD – WHISKYHERSTELLUNG

Schwäbischer Whisky? Ist das Most? Mit dieser Frage sahen sich die schwäbischen Whiskybrenner in den Anfängen häufig konfrontiert. Und: Nein, es ist nicht die humorvolle Bezeichnung für den im Süden Deutschlands aus Obst hergestellten traditionellen Most, sondern es handelt sich tatsächlich um einen Getreidebrand.

Gemäß Spirituosenverordnung der Europäischen Union darf ein Destillat als Whisky bezeichnet werden, das folgende Bedingungen erfüllt:

> eine oder mehrere Destillationen der Maische aus Getreide (gemälzt oder volles Korn)

> Verzuckerung durch natürliche Enzyme

> Vergärung mit Hefe

> mindestens drei Jahre im Holzfass (max. 700 Liter) gelagert

> Mindestalkoholgehalt von 40 %

> nicht gesüßt oder aromatisiert

In der Praxis teilt sich der Herstellungsprozess in mehrere Schritte. Als Erstes steht die Entscheidung für das verwendete Getreide. Für einen Single Malt wird gemälztes Korn – in der Regel Gerste – verwendet. Ein Grain Whisky wird aus dem ungemälzten Korn hergestellt, beispielsweise Weizen, Dinkel oder Roggen, aber auch ältere Sorten wie Emmer oder Einkorn sind möglich.

Ob gemälztes oder ungemälztes Korn – folgende Schritte müssen durchlaufen werden, um aus dem Korn einen Whisky zu kreieren:

Maischen

Das Getreide wird geschrotet. Dabei entsteht ein grobes Mehl, »Grist« genannt. Dieses wird mit heißem Wasser in einem Maischbottich eingeweicht, um die Stärke des Getreides in löslichen Zucker umzuwandeln. Es entsteht eine breiige Masse.

Wenn Sie schon einmal eine schottische Brennerei besucht haben, wissen Sie, dass an dieser Stelle die zuckrige Lösung vom Schrot getrennt wird – das sogenannte »Läutern«. Denn für den nächsten Schritt wird theoretisch lediglich der flüssige, zuckerhaltige und vergärbare Teil der Maische benötigt (die sogenannte »Würze«); der ausgelaugte Rest – der »Treber« – wird nicht verwendet und kann ans Vieh verfüttert werden.

Maische in der Brennblase

In Deutschland wird in der Regel nicht geläutert (oder sagen wir: Ich habe bisher keinen Whiskybrenner getroffen, der es macht). Für die Gärung und den späteren Destillationsprozess wird die komplette Maische verwendet.

Gärung

Während der Gärung wird der Zucker in Alkohol gewandelt. Zunächst wird die Maische im Gärbottich heruntergekühlt, sodass sie noch um die 20 °C hat (die Temperaturen variieren individuell von Brenner zu Brenner), dann wird der Maische Hefe zugefügt. Die Hefe spaltet den Zucker in Kohlendioxid und Alkohol – es blubbert im Bottich. Dieser Prozess dauert zwischen zwei und fünf Tagen. Der Zeitraum liegt im Ermessen des Brenners, denn die Dauer der Gärung hat Einfluss auf den späteren Geschmack des Destillats. Am Ende der Gärung hat die Flüssigkeit einen Alkoholgehalt von 6 bis 9 % vol.

Bis zu diesem Punkt ähnelt der Produktionsprozess dem des Bierbrauens.

Destillieren

Bei der Destillation macht sich der Brenner die Eigenschaft zunutze, dass die verschiedenen Alkohole unterschiedliche Siedetemperaturen haben. Während das giftige Methanol seinen Siedepunkt bereits bei einer Temperatur von 64,7 °C erreicht, liegt der Siedepunkt von Ethanol (Trinkalkohol) bei 78,3 °C. Mit diesem Wissen und der richtigen Technik kann das Destillat sauber vom Rest getrennt werden.

Bei der Destillation gibt es unterschiedliche Verfahren. Am bekanntesten ist sicherlich das schottische »Pot-Still-Verfahren«, bei dem die Destillation zumeist in zwei Durchgängen in zwei großen Brennblasen erfolgt. Zunächst wird die vergorene Würze in der ersten Brennblase, der Wash Still, erhitzt, Alkohol steigt auf, wird über das Geistrohr (engl. »Lyne Arm«) umgeleitet und abgekühlt, also wieder verflüssigt. Der Vorgang wird in der nächsten Brennblase, der Spirit Still, wiederholt.

Das entstandene Destillat wird nicht komplett verwendet, sondern in Vor-, Mittel- und Nachlauf eingeteilt. Vor- und Nachlauf werden sorgfältig vom Mittellauf getrennt. Nur der Mittellauf kommt ins Fass. Der Alkoholgehalt liegt am Ende bei 70 bis 80 % vol und wird gegebenenfalls vom Brenner mit Wasser auf die gewünschte Stärke für die Fasslagerung reduziert.

Bei den deutschen bzw. schwäbischen Brennern wird häufig ein anderes Verfahren angewandt: Gebrannt wird mit der sogenannten Verstärkerkolonne oder manchmal auch in einer Kombination aus Pot-Still-Verfahren mit nachgelagerter Kolonne.

Ein Unterschied zu den schottischen Brennern ist, dass – wie oben erwähnt – nicht die Würze, sondern die gesamte vergorene Maische in die Brennblase gepumpt wird, sodass sich die Aromen des ganzen Getreides noch während des kompletten Herstellungsprozesses voll entfalten können.

Die Maische wird erhitzt und der aufsteigende Alkohol in die Kolonne geleitet.

In der Kolonne befinden sich mehrere Brennböden (auch »Destillierböden« oder »Glockenböden« genannt), in denen jeweils ein weiterer Siedevorgang stattfindet, sodass von Boden zu Boden ein reinerer Brand mit höherem Alkoholgehalt entsteht. Die Zahl der Böden variiert von Kolonne zu Kolonne. Während früher zwei oder drei Böden gängig waren, ging man zwischenzeitlich auf vier, fünf oder mehr Böden über. Der Brenner kann bei der Destillation in eigenem Ermessen die Anzahl der Böden seiner Verstärkerkolonne zuschalten. Zwischen Verstärkerkolonne und Geistrohr befindet sich der Dephlegmator. Vereinfacht gesagt kondensiert hier der aufsteigende Dampf, nur der leichter siedende Alkohol wird weitergeleitet und im Kühler verflüssigt, der Rest läuft wieder zurück in den Kessel. Auch bei diesem Verfahren folgt am Ende eine Trennung des Mittellaufs von Vor- und Nachlauf. Das fertige Destillat hat einen Alkoholgehalt von 80 bis 95 % vol.

Fenster in der Kolonne

Warum die Trennung von Vor-, Mittel- und Nachlauf?

Der erste Teil des Destillats ist der Alkohol mit geringer Siedetemperatur und enthält unter anderem auch Methanol. Methanol ist giftig und kann zu Erblindung, Organschädigung und schlimmstenfalls zum Tode führen. Das ist der sogenannte Vorlauf (engl. »Head«), der sorgfältig vom Rest getrennt wird.

Der folgende Teil, der Mittellauf (engl. »Heart«), ist das Ethanol, der gewünschte Trinkalkohol, den der Brenner für seinen Whisky haben möchte. Zu guter Letzt folgt der Nachlauf (engl. »Tail«), der Fuselstoffe enthält. Diese können den Geschmack nachteilig beeinflussen und führen in zu hoher Konzentration gern zu Kopfschmerzen am nächsten Tag.

Lagerung

Nach der Destillation wird das Destillat in Fässer abgefüllt und gelagert. Da der Alkoholgehalt Einfluss darauf hat, wie intensiv Aromen vom Holz aufgenommen werden, regulieren manche Brenner den Alkoholgehalt des Destillats mit Wasser wieder etwas herunter, bevor es ins Fass kommt.

Dem Fassmanagement kommt ein besonderer Stellenwert zu. Zum einen spielt die Art des verwendeten Fasses eine Rolle: Gebrauchte Fässer geben Aromen des zuvor in ihnen ausgebauten Weines oder Destillats an den Brand ab. Zudem hat jedes Holz spezielle Aromen, die es ebenfalls an das Destillat weitergibt. Es ist ein Unterschied, ob für die Lagerung ein Fass aus amerikanischer Weißeiche oder schwäbischer Eiche verwendet wurde.

Zum anderen nimmt der Lagerort Einfluss auf das Destillat: In einer luftigen Scheune mit starken Temperaturschwankungen arbeitet das Destillat im Fass wesentlich intensiver. Bei Wärme dehnt es sich aus und drückt sich in die Poren des Holzes, bei Abkühlung zieht es sich wieder zusammen. Dadurch nimmt es die Aromen schneller auf als beispielsweise bei Lagerung in einem tiefen Gewölbekeller, in dem das ganze Jahr über in der Regel ein gleichbleibendes Klima mit geringen Temperaturschwankungen herrscht. Auch die Region, in der der Whisky gelagert wird, kann einen Einfluss auf das Destillat nehmen. Ein Whisky, der im rauen Klima der Schwäbischen Alb gelagert wurde, entwickelt sich mitunter anders als ein Whisky, der in gemäßigteren Regionen reift.

Über das Jahr hinweg verdunstet ein Teil von Wasser und Alkohol aus den Fässern, dadurch nimmt der Alkoholgehalt des Destillats im Laufe der Zeit ab. Je nach Lagerort variiert dieser Anteil stark. Dieser sich verflüchtigende Alkohol ist der »Angel's Share«– der Anteil für die Engel.

Ein Vorurteil, dem sich die schwäbischen Brennereien immer wieder gegenübersehen, ist der, dass der Whisky zu »obstig« sei. Dies wäre u. a. dem geschuldet, dass gerade bei kleinen Abfindungsbrennereien, in denen mit ein und derselben Brennblase sowohl Obst- als auch Getreidebrände destillierte werden, das Aroma des Obstbrandes auf den Whisky abfärben würde.

Der gesamte Destillierapparat wird natürlich gereinigt, bevor ein neues Destillat erzeugt wird. Dies erfolgt mit alkalischen und sauren (i. d. R. neutralisierende Zitronensäure) Reinigungsmitteln. Zudem verfügen einige Brennereien über zwei Brennapparate, sodass getrennt voneinander in einer Brennblase Getreide und in der anderen Obst gebrannt werden kann.

Ein schwäbischer Whisky schmeckt natürlich nicht so wie ein Scotch oder ein Bourbon. Und das soll er auch nicht. Es ist gerade die Vielfalt, die den Whisky zu einem so besonderen Destillat macht, und die Regionalität soll sich im schwäbischen Whisky ebenso widerspiegeln wie in einem guten Scotch.

Blick in den Maischbottich

NO NED HUDLA – WHISKY GENIESSEN

Whisky wird zwar aus Getreide hergestellt, aber Whisky ist kein Korn. Man trinkt ihn nicht ex und hopp aus dem Schnapsglas, sondern genießt den Brand mit all seinen Facetten. Die Devise heißt: »No ned hudla« – immer mit der Ruhe. Lassen Sie sich Zeit.

Die stilvolle Verkostung eines Whiskys erfolgt idealerweise unter Verwendung des richtigen Trinkgefäßes: dem sogenannten »Nosing-Glas«. Dieses zeichnet sich dadurch aus, dass es unten bauchig ist und der Rand sich nach oben hin verjüngt. Das hat den Vorteil, dass die Aromen lange im Glas bleiben und beim Trinken mit inhaliert werden können, sodass ein umfassendes Geschmackserlebnis stattfinden kann.

klassisches Nosing-Glas

Der Schwabe, bekannt für seinen Erfindergeist, hat eigens für den schwäbischen Whisky das passende Glas entworfen: Das traditionelle Viertelesglas, mit dem der Wein gern in der Besenwirtschaft getrunken wird, gibt es in einer kleineren Variante als Tasting-Glas für den schwäbischen Whisky.

schwäbisches Nosing-Glas

Am besten verkostet man den Whisky bei Zimmertemperatur. Denn je kälter der Whisky ist, desto weniger können sich die Aromen entfalten. Auch auf die Zugabe von Eis sollte man daher beim Verkosten verzichten.

Der klassische »Whisky-Verkostungs-Vierkampf« kann in folgende Disziplinen eingeteilt werden:

Schauen

Der Genuss beginnt beim Betrachten des Whiskys im Glas. Je nach Lagerung findet sich eine farbliche Bandbreite von Hellgelb über Bernstein bis hin zu dunklen Bronze- und Brauntönen. Die Farbe sagt nicht unbedingt etwas über die Qualität des Whiskys aus, kann aber einen Hinweis auf das verwendete Fass geben. Ein Whisky, der in einem Ex-Bourbonfass gelagert wurde, hat häufig eine hellere Färbung als zum Beispiel ein Whisky, der in einem Ex-Sherryfass gelagert wurde; Letzterer zeichnet sich meist durch eine rötlich-goldene Tönung aus. Allerdings ist es dem Brenner auch gestattet, bei der Farbe mit Zuckerkulör nachzuhelfen. Zuckerkulör ist der einzige Zusatzstoff, der gesetzlich in einem Whisky erlaubt ist, dies muss jedoch auf dem Etikett aufgeführt werden. Die schwäbischen Whiskys sind in der Regel nicht gefärbt, da die Brenner über junge Fassbestände verfügen, die noch reichlich Farbe und Aromen abgeben. Und da es sich um ein Naturprodukt handelt, darf die Farbe auch mal variieren.

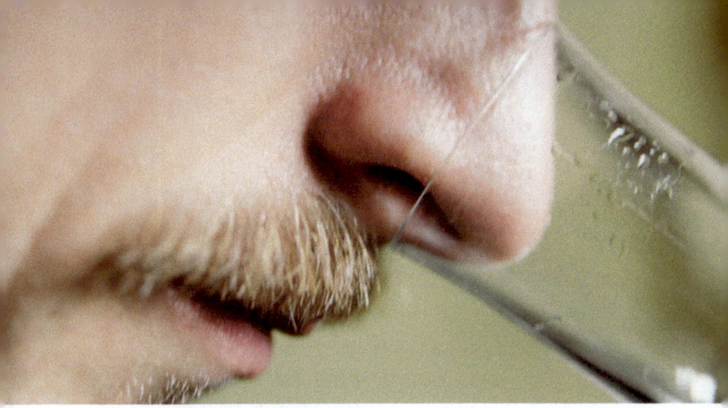

Durch leichtes Kreisen im Glas zeichnen sich Schlieren am Glasrand ab. Die Konsistenz dieser Tropfen gibt dem Experten schon einen Hinweis auf die Vollmundigkeit des Getränks.

Brenner Sebastian Dürr der Doinich Daal Destillerie beim Verriechen eines Destillats.

Schnuppern

Mit der Nase lassen sich eine Vielzahl von Aromen und Düften erfassen. Hierzu wird das Glas an der Nase vorbeigeführt – dabei die Nase nicht gleich zu tief ins Glas stecken. Whisky ist hochprozentiger Alkohol. Es ist ratsamer, sich dem Getränk langsam zu nähern, um die Aromen in all ihrer Bandbreite zu erfahren. Die Gerüche variieren von Whisky zu Whisky: süßes Karamell oder Vanille, fruchtige Beeren, exotische Früchte, florale Düfte, malzig, holzig, ölig oder erdig bis hin zu rauchigen, phenoligen Aromen.

Die Moleküle des Alkohols binden sich auf der Oberfläche. Durch Zugabe eines Tropfens (wirklich nur ein einzelner

Tropfen!) Wasser kann diese gelöst werden, sodass die Aromen stärker hervortreten können. Der Whisky muss nicht im Glas geschwenkt werden, ein Belüften wie bei einer Weinverkostung ist nicht notwendig.

Lassen Sie nach dem ersten Genuss das Glas eine Minute stehen und schnuppern Sie erneut. Manch leichte Aromen haben sich vielleicht verflüchtigt, andere treten nun erst hervor.

Schmecken

Um den Geschmack des Whiskys zu erfahren, nimmt man zunächst einen Schluck in den Mund, lässt ihn auf der Zunge verweilen und verteilt ihn mit kleinen Kaubewegungen im Mund, um alle Geschmacksknospen zu erreichen und die Aromenvielfalt zu entdecken. Hierbei wird die Struktur des Brandes spürbar. Ist die Konsistenz leicht und glatt? Cremig, ölig oder zähflüssig?

Es werden fünf Geschmacksrichtungen unterschieden: süß, sauer, salzig, bitter und »umami«, was mit »vollmundig« beschrieben werden kann. Im Zusammenspiel mit den Riechnerven lassen sich weitere Aromen und Geschmäcker entdecken. Manch ein Whisky überrascht, weil das, was sich im Mund entfaltet, ganz anders ist, als die Erwartung, die beim Schnuppern geschürt wurde.

Bei hochprozentigen Fassstärken kann es sich lohnen, dem Destillat ein paar Tropfen Wasser zuzufügen, so können Geschmack und Aromen deutlicher hinter der Schärfe des Alkohols hervortreten. Mit der Zugabe von Wasser sollte man dennoch zurückhaltend sein, bitte nicht zu einer Whiskyschorle verdünnen.

Spüren

Beim Schlucken gleitet der Whisky den Gaumen hinunter durch die Kehle, die Speiseröhre, in den Magen und den Bauch. Manch ein Whisky sorgt jetzt für eine Überraschung, weil im Nachklang Aromen hervortreten, die zuvor nicht wahrgenommen wurden. Wie lange hält der Nachklang an? Bleibt der Whisky spürbar in Gaumen, Rachen, Hals? Wärmt er bis in die Fußspitzen oder verflüchtigt er sich alsbald?

Natürlich muss dieser »Whisky-Verkostungs-Vierkampf« nicht Schluck für Schluck bis zum letzten Tropfen durchexerziert werden. Ein guter schwäbischer Whisky lässt sich auch wunderbar bei netten Gesprächen in geselliger Runde genießen.

Noch ein Wort zur Lagerung daheim: Whisky wurde bereits mehrere Jahre in Fässern gelagert. Das heißt, er muss nicht wie manch ein Wein noch jahrelang im Keller nachreifen, dadurch wird er nicht besser. Am besten bewahrt man die Flasche bei Zimmertemperatur, stehend und vor direkter Sonneneinstrahlung geschützt auf.

Genug der Theorie – begeben wir uns auf die Reise ...

rechts: Brennereianlage im Verkostungskeller der Destillerie Old Gamundia

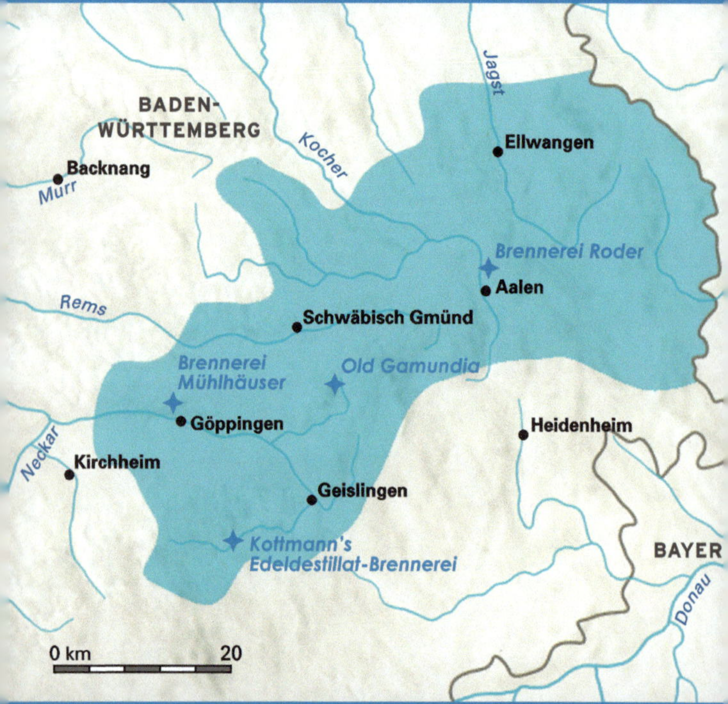
BADEN-
WÜRTTEMBERG
Jagst
Kocher
Ellwangen
Backnang
Murr
Brennerei Roder
Aalen
Rems
Schwäbisch Gmünd
Brennerei
Mühlhäuser
Old Gamundia
Göppingen
Heidenheim
Neckar
Kirchheim
Geislingen
Kottmann's
Edeldestillat-Brennerei
BAYER
Donau
0 km
20

REGION OST

Die Schwäbische Alb ist im Osten nicht ganz so hoch wie weiter im Süden, dennoch sorgen Zeugenberge, Hochplateaus und tief eingeschnittene Täler für reichlich Abwechslung. Größte Stadt in der Region ist die ehemals freie Reichsstadt Aalen. Hier bewegt man sich auf den Spuren der Limesstraße und kann Geschichte zum Anfassen erleben.

Folgt man dem Neckarnebenfluss Kocher stromabwärts von Aalen, gelangt man ins Hohenlohische und damit in den Landkreis Schwäbisch Hall. Die gleichnamige historische Stadt ist besonders für Architekturinteressierte empfehlenswert. Auf dem historischen Marktplatz finden sich zahlreiche Baustile verschiedener Epochen nebeneinander vereint. Aber auch das südlicher gelegene Schwäbisch Gmünd, Deutschlands älteste Stauferstadt, muss sich mit seinen historischen Barock- und Fachwerkbauten nicht verstecken. Das Landschaftsbild des Stauferlandes, das sich bis nach Göppingen erstreckt, ist geprägt von den Erhebungen der Kaiserberge Hohenstaufen, Rechberg und Stuifen.

Die Zahl der Whiskybrenner in der Region ist überschaubar. Wer nicht mit dem Auto fahren will, kann mit kleinen Abstechern einige Brennereien bei einer längeren Radtour erkunden und die abwechslungsreiche Natur genießen. Hier wäre die Empfehlung, vom höher liegenden Aalen aus zu starten.

Brennerei & Destillathek Roder

Im Osten Württembergs am Rande der Schwäbischen Alb befindet sich, idyllisch gelegen inmitten von Streuobstwiesen, die Brennerei Roder. Ihre Anfänge nahm die Brennerei im Aalener Stadtbezirk Wasseralfingen 1960, als Frank Roders Großvater Eugen Roder begann, in seiner Abfindungsbrennerei Obstbrände zu destillieren, später wurde die Brennerei vom Onkel weitergeführt. Der Verkauf, erinnert sich Frank Roder, befand sich damals noch in den Kellerräumen der heutigen Destillathek. Die Kunden kamen mit eigenen Flaschen, in die die Familie Roder aus ihren Glaskolben die Brände abfüllte. Seit 2006 begrüßt Frank Roder die Kunden in seinem hellen, freundlichen Hofladen, in dem neben Obstbränden mittlerweile auch ein Bierbrand, Säfte, Most und der hauseigene Whisky Einzug gehalten haben.

Als Frank Roder 1999 die Brennerei von seinem Onkel übernahm, absolvierte er zunächst einen Brennerkurs in Hohenheim. Später folgten eine Ausbildung zum Brenner sowie ein Meisterkurs zum landwirtschaftlichen Brennmeister. 2003 destillierte Roder den ersten Grain Whisky aus Weizen und Gerste, der 2007 abgefüllt wurde. Für die Herstellung

Frank Roder
Schlosserstraße 13
73433 Aalen-
Wasseralfingen
Tel +49 (0) 7361 97 16 25
info@brennerei-roder.de
www.brennerei-roder.de

seiner Destillate steht ihm ein hauseigener Brunnen zur Verfügung, der aus 80 Metern Tiefe bestens geeignetes, sehr weiches Wasser hervorbringt.

Roder befasst sich in seiner Freizeit gern mit historischen Themen, und so trifft man ihn mit seinem Ausschankwagen inklusive Honig-Met und Suebisch Whisky auch bei Mittelalterfesten an. Der Name seines Whiskys entstand ebenfalls durch dieses Interesse. »Suebisch« bezieht sich auf einen alten alemannischen Volksstamm, die Sueben, aus denen später die Schwaben hervorgingen.

In Roders Fasslager reifen nicht nur Grain Whiskys. Auch ein Single Malt wartet darauf, abgefüllt und im Hofladen zur Verkostung und zum Verkauf angeboten zu werden. Beim Fassmanagement greift der Brennmeister auf unterschiedliche Fässer wie Ex-Bourbon- oder Sherryfass aus deutscher, ungarischer oder amerikanischer Eiche zurück. Auch die Größen variieren, so werden nicht nur Barriquefässer, sondern auch kleinere Fässer zum Ausbau des Whiskys verwendet.

Führungen und Tastings sind im Familienbetrieb zurzeit nicht vorgesehen, aber bei einem Besuch in der Destillathek ist der Brennmeister gern zu ausführlichen Auskünften bereit.

Öffnungszeiten Destillathek

Fr	14–19 Uhr
Sa	9–13 Uhr

Anreise

Mit dem Zug nach Wasseralfingen, zu Fuß ca. 15–20 Minuten.
Auto: Über die B 29, die Destillathek befindet sich am Kreisverkehr Schlosserstraße/Binsenstraße. Parkplätze vorhanden.

Übernachten/Essen

Gasthof »Zum Weißen Rößle«
Traditionsreiches Gasthaus mit schwäbischer Küche und Fremdenzimmern.

Ettenbergstraße 21
73432 Aalen-Brastelburg
www.weisses-roessle.de

Gasthof Kellerhaus
Familiär geführtes Hotel und Gasthof mit regionaler Küche.

Nördlinger Straße 1
73433 Aalen-Oberalfingen
www.kellerhaus-oberalfingen.de

Destillerie Old Gamundia

Ulrich Kothe
Filstalstraße 32
73529 Schwäbisch
Gmünd-Degenfeld
Tel +49 (0) 7332 923 07 66
info@old-gamundia.de
www.old-gamundia.de

Eine Besichtigung der Destillerie Old Gamundia lässt das Herz von Whiskyfreunden definitiv höher schlagen, und einen Besuch sollte man sich nicht entgehen lassen. Der kleine Schwäbisch Gmünder Ortsteil Degenfeld liegt im malerischen Tal der Degenfelder Lauter, umgeben von bewaldeten Bergen, Wiesen und Feldern. Die Straße schlängelt sich durch den kleinen Ort, der Großes hervorbringt. Aus Degenfeld kommt nicht nur die zweifache Weltmeisterin und Olympiasiegerin im Skispringen Carina Vogt, sondern hier lebt auch Ulrich Kothe – Firmengründer von »Kothe Destillationstechnik«. Was 1985 als Einmannbetrieb begann, wurde im Laufe der Zeit zu einem internationalen Unternehmen. Die Brennereianlagen werden heute weltweit vertrieben.

Ulrich Kothe macht keine halben Sachen – und das sieht man, wenn man seine Brennerei mit Museum besucht. In Degenfeld hat er gemeinsam mit Sohn Matthias ein Kleinod für Whiskyfreunde erschaffen, bei dem alles bis ins kleinste Detail durchdacht ist.

2012 wurde mit dem Bau begonnen – zunächst sollte nur ein Gewölbekeller zur Lagerung von Holzfässern in den Hang gebaut werden, doch dann entschied sich Kothe, gleich einen größeren Gewölbekeller anzulegen, in dem auch Destillate formvollendet verkostet werden können. Steht man vor dem hölzernen Tor mit den schmiedeeisernen Verzierungen, fühlt man sich fast an Frodo Beutlins Behausung im Auenland erinnert. Betritt man den Gewölbekeller, möchte man nicht mehr gehen: ein runder Kamin in der Mitte, dazu zwei lange Tischreihen, flankiert von Brennapparaten vergangener Jahrzehnte. Ein Museum, das die Geschichte der Brennerei zum Greifen nah bringt. Dazu gibt es einen modernen kupfernen Destillierapparat, auf dem bei Veranstaltungen live destilliert werden kann. Am Ende des Gewölbekellers liegt hinter einem schmiedeeisernen Tor das Fasslager. Zwei Engel im Mittelgang leisten den reifenden Destillaten Gesellschaft und scheinen sich sehr wohlzufühlen.

unten: Eine Metallskulptur weist den Weg zur Destillerie
ganz unten: Zwei Engel wachen im Fasslager

In einem Nebengebäude steht eine weitere große kupferne Schaubrennerei, die bei Führungen ebenfalls besichtigt werden kann. 2018 wurde die Brennerei zudem um einen zweiten Gewölbekeller zur Erweiterung des Fasslagers inklusive eines kleinen separaten Hofladens vergrößert.

Gebrannt wurde in Degenfeld bereits seit 2000 in einer Abfindungsbrennerei. Als Hersteller von Destillationstechnik diente diese Ulrich Kothe als Test- und Vorführbrennerei. 2012 entstand die Whiskydestillerie als Verschlussbrennerei, und der erste Single Malt Whisky wurde zu Ehren des 850-jährigen Stauferjubiläums

von Schwäbisch Gmünd im selben Jahr destilliert. Der Name der ältesten Stauferstadt ist gleichzeitig auch Namensgeber der Destillerie, denn Schwäbisch Gmünd hieß einst »Gamundia«.

Für seine Whiskys verwendet der Brenner eine speziell für ihn zusammengestellte Malzmischung. Verschiedene Röstungen und auch Rauchmalz kommen zum Einsatz. Das Malz wird in der eigenen Mühle gemahlen, anschließend gemaischt und in der Destillationsanlage mit Verstärkerkolonne gebrannt. Die Reifung des Destillats erfolgt in neuen Fässern aus amerikanischer Weißeiche sowie gebrauchten Sherryfässern im oben bereits erwähnten, von Engeln bewachten, Gewölbekeller.

Feste Öffnungszeiten gibt es nicht, um dieses Whisky-Wunderland zu besichtigen. Termine sind nach telefonischer Vereinbarung möglich.

Führungen
Führungen mit Verkostung und wahlweise mit Buffet können für Gruppen ab 20 Personen individuell gebucht werden.

Highlight
Geburtstagsfeier im Whiskymuseum mit Live-Destillation. Der frisch gebrannte Whisky wird in einem 30-Liter-Fass mindestens drei Jahre lang im Gewölbekeller gelagert.

Anreise

Mit dem Zug nach Schwäbisch Gmünd, weiter mit Bus Richtung Degenfeld-Ortsmitte, 3 Minuten zu Fuß. Da die Busse nicht jederzeit fahren, unbedingt vorher informieren.
Auto: Über B 466. Parkplätze vorhanden.

Übernachten/Essen

Hotel Garni Silberdistel

Einfaches, persönlich geführtes Hotel in ruhiger Lage. Besonderer Service: Fahrdienst z. B. zu Veranstaltungen in der Old Gamundia Destillerie.

Kreuzbergstraße 32
73111 Lauterstein-Weißenstein
www.hotel-garni-silberdistel.de

Landgasthof Heldenberg

Familiengeführter Gasthof mit Pension, idyllisch gelegen. Zahlreiche Auszeichnungen für die regional schwäbische Küche und Wildgerichte aus der eigenen Jagd.

Am Heldenberg 1+2
73111 Lauterstein
www.heldenberg.de

Brennerei Mühlhäuser

Landwirtschaftliche
Brennerei
Hermann Mühlhäuser
& Sohn
Kirchstraße 37
73117 Wangen-
Oberwälden
Tel +49 (0) 7161 125 59
mhbrennerei@aol.com
www.mhbrennerei.de

In Oberwälden ist die Welt in Ordnung. Das pittoreske 450-Seelen-Dörfchen gehört zur Gemeinde Wangen bei Göppingen. Die schmale Kirchstraße durchzieht den Ort, am Ende der Straße ist Schluss: Kein Durchgangsverkehr, kein Lärm und wunderbare, klare Luft. Die Brennerei von Hermann Mühlhäuser & Sohn ist nicht zu verfehlen. Es ist ein großer Hof, der einst ein Lehen des Klosters Adelberg war, neben der Brennerei sind Stallungen für die Pferde. Schräg gegenüber steht die im 13. Jahrhundert erbaute Nikolauskirche, deren Turm mit Chorraum und seinen wertvollen Wandmalereien bis heute erhalten blieb. Auf einer Weide hinter der Kirche grasen Hochlandrinder, in der Ferne erhebt sich der Kegel des Hohenstaufen.

Das Gebäude, in dem Mühlhäusers landwirtschaftliche Abfindungsbrennerei steht, fand bereits im 17. Jahrhundert Erwähnung, und auch die Brennerei hat eine lange Familientradition. Brenner Hermann Mühlhäuser arbeitete jedoch zunächst viele Jahre als Bankangestellter. Nebenbei half er den Eltern im landwirtschaftlichen Betrieb, bei der Pferdezucht und in der Brennerei. So wuchs er in die Tätigkeit hinein. Vertieft wurden die Kenntnisse durch Brennerseminare und Lehrgänge. 1992 übernahm Mühlhäuser die Brennerei, in der Obstdestillate und Kornbrände erzeugt wurden.

Ein Gespräch mit einem schwäbischen Whiskybrenner weckte sein Interesse an dem edlen Getreidebrand. Und so destillierte er 1996 seinen ersten Whisky, der bis 2000 im Gewölbekeller unter der Brennerei in Eichenfässern reifte.

Die Brennerei befindet sich direkt neben dem kleinen Verkaufsraum und ist perfekt in den Raum eingepasst. Da nach oben hin durch die niedrige Decke die Höhe begrenzt war, wurde die Verstärkerkolonne kurzerhand neben die Brennblase gesetzt. Befeuert wird die Anlage mit Holz aus dem eigenen Wald. Die Basis für Mühlhäusers Whisky ist der Weizen aus der eigenen Landwirtschaft mit einem Anteil Gerstenmalz. Mühlhäusers »Schwäbischer Whisky« ruht mindestens vier Jahre im französischen Limousinefass, der »Oberwälder Whisky« wird fünf bis sechs Jahre in Weißweinfässern ausgebaut und erhält ein Finish im Sherryfass. Dass Mühlhäuser damit auf dem richtigen Weg ist, zeigen zahlreiche Auszeichnungen und sehr gute Bewertungen beispielsweise in der Whisky Bible von Jim Murray.

Mühlhäuser ist gefragt – so war er 2016 mit einem Stand bei einer landwirtschaftlichen Ausstellung in Wangens französischer Partnerstadt Routot/Normandie und bewertete dort als Juror Cidre und Calvados. Seither ist er Mitglied der Commanderie de Normandie et Picardie des Gouste-Cidre. Aber man

muss nicht extra nach Frankreich reisen, um den Brenner zu treffen. Den Whisky – und auch alle anderen Destillate – kann man direkt im kleinen Hofladen erwerben und dabei gleich ein wenig fachsimpeln. Entweder auf der Durchreise spontan in Oberwälden vorbeischauen oder besser noch telefonisch vorher anmelden – wenn Zeit ist, ist sicher auch ein kleiner Blick in die Brennerei möglich.

Führungen
Führungen mit Verkostung können für Gruppen von 10 bis 15 Personen individuell gebucht werden.

Anreise

Mit dem Zug nach Faurndau, weiter mit dem Bus Richtung Oberwälden, Haltestelle Backhaus, ca. 50 Meter zu Fuß.
Auto: Über B 297 Richtung Faurndau, weiter Richtung Wangen. Parkplätze vorhanden.

Übernachten/Essen

Hauptstraße 30
73117 Wangen
www.dielinde-wangen.de

Hotel die Linde
Modernes Hotel und Restaurant mit bürgerlicher Küche. Für Naschkatzen gibt es handgefertigte Pralinen.

Schillerstraße 9
73117 Wangen-Oberwälden
www.lamm-oberwaelden.de

Gasthaus Lamm
Kleine, feine Vesperkarte mit regionalen Spezialitäten, circa 200 Meter von der Brennerei entfernt.

Kottmann's Edeldestillat-Brennerei

Unterdorfstraße 2
73342 Bad Ditzenbach-Gosbach
www.hirsch-badditzenbach.de

Die Herstellung verschiedenster Destillate und Liköre hat in der Edeldestillat-Brennerei von Brennmeister August Kottmann eine Familientradition von mehr als zweihundert Jahren. Hier wird das Obst verarbeitet, das in dem für seine Streuobstwiesen bekannten »Gaisentäle« wächst. Zu den zahlreichen Obstbränden und Likören gesellten sich im Laufe der Zeit aber auch ein paar Kornbrände, und vor einigen Jahren wurde der erste Whisky destilliert.

Was August Kottmann macht, macht er mit großer Leidenschaft. Viele Jahre war er als Koch tätig, nicht nur im eigenen Gasthof, sondern auch erfolgreich bei nationalen und internationalen Wettbewerben und bei der Ausbildung und Förderung des Nachwuchses. Schon früh legte er großen Wert auf die Regionalität und eine hohe Qualität der verwendeten Rohstoffe. Und das nicht nur in der Küche, sondern auch bei seinen Destillaten. Dafür erhielten seine Destillate zahlreiche Auszeichnungen, und auch sein Whisky, ein Dinkelbrand im Eichenfass gelagert, wurde bereits mit Gold und Silber bei den Prämierungen des Landesverbands der Klein- und Obstbrenner Nord-Württemberg e.V. ausgezeichnet. Das Wissen um die Brennerei und die Herstellung seiner Destillate gibt Kottmann gern bei Führungen und Brennerkursen weiter. Wer nur probieren möchte, kann dies unter anderem bei einem mehrgängigen Destillatsmenü im Gasthof der Familie Kottmann machen – zum jeweiligen Gang wird das passende Destillat gereicht.

Führungen
Brennereikurse und Gruppenführungen können individuell gebucht werden.

Anreise

Mit dem Zug nach Geislingen, Bus Richtung Rathaus Wiesensteig, Haltestelle Gosbach-Hirsch.
Auto: Von der A8 über die B466. Parkplätze vorhanden.

Übernachten/Essen

Hotel-Restaurant Hirsch
Übernachten direkt beim Brenner. International ausgezeichnete Küche.

Unterdorfstraße 2
73342 Bad Ditzenbach-Gosbach
www.hirsch-badditzenbach.de

rechts: historische Nikolauskirche von Oberwälden gegenüber der Brennerei Mühlhäuser

INTERVIEW: 5 FRAGEN AN ANGELA V. WEIS

Wer sich mit dem Thema schwäbischer Whisky beschäftigt, kommt an ihr nicht vorbei: Angela V. Weis, Edelbrand-Sommelière und Schwäbische Whiskybotschafterin. Sie betreut seit Jahren den »Schwäbischen Whisky-Walk« in Owen, führt durch zahlreiche Tastings in der Region, man trifft sie beim Continental Whisky Market im Rahmen der Slow Food Messe in Stuttgart oder beim Schwäbischen Whiskytag in Tübingen. Bei Fragen zum schwäbischen Whisky ist man bei ihr genau richtig.

Angela V. Weis ist gebürtige Wiesbadenerin, zog aber schon in jungen Jahren mit der Familie zurück auf die Ostalb. In Tübingen studierte sie Kunstgeschichte und Germanistik und jobbte nebenbei in der »Silberburg am Markt«, die Adresse für schwäbischen Whisky im Ländle. Von Anfang an unterstützte sie bei Messen und Whisky-Events. Durch ihre fachkundige und professionale Art, den Whisky bei Veranstaltungen zu präsentieren, wurde sie – in Anlehnung an die Whisky-Ambassadeurs der internationalen Whiskymarken – von den schwäbischen Whiskybrennern kurzerhand zur »Schwäbischen Whiskybotschafterin« ernannt.

Frau Weis, was macht eine Schwäbische Whiskybotschafterin?

Als Schwäbische Whiskybotschafterin bewerbe und präsentiere ich den schwäbischen Whisky auf Veranstaltungen und Messen, bei Tastings oder auch beim Schwäbischen Whisky-Walk. Da wir über die »Silberburg« viele eigene Veranstaltungen anbieten, muss ich mich auch um die Verwaltung und Buchung der Events kümmern. Das heißt, montags bis donnerstags habe ich einen normalen Bürojob, donnerstags bis samstags leite ich viele unserer Veranstaltungen. Seit 2015 war ich zudem beim Obst- und Kleinbrennerverband in der Jury für Whisky und Gin tätig.

Waren Sie auch schon vorher whiskybegeistert?

Das Interesse für Whisky begann in Tübingen während meines Studiums. Damals hatte ich noch keine Ahnung, dass es so große Unterschiede zwischen amerikanischen, schottischen oder auch deutschen Whiskys gibt. Mir hat das Image gefallen, und die Komplexität und Vielschichtigkeit des Destillats fasziniert mich. Das ist es auch, was das Produkt für mich noch immer spannend macht. Zu der großen Vielfalt kommen noch die verschiedenen Faktoren, die auf das Produkt Einfluss nehmen. Das regionale Getreide, das von Jahr zu Jahr unterschiedlich ausfallen kann, die Art der Lagerung. Man weiß nie im Voraus, wie sich ein Whisky im Fass entwickeln wird.

Sie haben eine Ausbildung zur Edelbrand-Sommelière absolviert. Haben Sie einen Tipp, wie man es schafft, Gaumen und Nase so zu trainieren, dass man die Vielfalt eines Whiskys besser entdecken kann?
Es ist wichtig, sich ein Bild von den verschiedenen Aromen zu machen. Man sollte sich beispielsweise das Aroma einer Brombeere in allen Facetten bewusst machen; dass sie nicht nur eine süßlich-florale Note hat, sondern dass sie auch ein bisschen erdig schmeckt und eine leicht bittere Note hat. Dabei ist es hilfreich, zum Beispiel Himbeeren und Brombeeren mal im Vergleich zu riechen und zu schmecken, um die Unterschiede bewusster wahrzunehmen. Die Sensorik lässt sich auch mit Aroma-Kits trainieren, aber es hilft schon, im Alltag die verschiedenen Aromen bewusst wahrzunehmen. Man muss eine gewisse Bandbreite an Aromen erst einmal erriechen, damit man sie nachher im Destillat unterscheiden kann. Wenn ich etwas noch nie gerochen habe, kann ich es im Destillat nicht entdecken.

Beim Verkosten sollte man sich Zeit lassen, den Unterschied zwischen dem »Riecharoma« und dem Aroma beim Schmecken am Gaumen wahrzunehmen. Es ist gut, das Destillat eine Weile im Mund zu belassen, etwas zu kauen, dem Destillat Zeit zu geben, sich im Mundraum zu verteilen, sodass es all unsere Geschmacksrezeptoren benetzen kann, um die Aromen zu erkennen.

Sie leiten jedes Jahr zahlreiche Tastings und führen in Owen den Schwäbischen Whisky-Walk. Welche Frage stellt man Ihnen immer wieder, und was ist Ihre Antwort darauf?
Natürlich die Frage: Was ist das Besondere am schwäbischen Whisky? Ich will hier noch nicht von Kultur oder Tradition sprechen, aber es ist etwas, was schon eine ganze Weile bei uns in der Region produziert wird. Die Rohstoffe kommen meistens direkt aus der Region der Brennerei, und viele Brennereien haben, sofern sie es durften, schon früher Korn gebrannt. Es ist spannend, wie die Brenner die Möglichkeiten nutzen, die heimatlichen Aromen im Destillat zu verewigen.

Gefragt werde ich aber auch immer wieder, ob ich »Berufsalkoholikerin« bin. Die Menschen scheinen sich um mich zu sorgen, ich kann sie aber beruhigen. Sensorische Wahrnehmung hat nur bedingt etwas mit »Runterschlucken« zu tun. Auch wenn dann das Schwabenherz freilich blutet, frei nach dem Motto: »Was zahlt isch, bleibt drenn!«

Burg Teck

Wohin geht der Trend? Wird (schwäbischer) Whisky auch zukünftig ein Thema sein?
Ich bin sicher, dass das Produkt Whisky gefragt bleiben wird. Es gibt immer wieder Trends im Spirituosenbereich – es gab Zeiten, da war zum Beispiel Sherry oder Cognac sehr angesagt, was zurzeit nicht mehr »in« ist. Aber Whisky hat etwas Beständiges. Es gibt eine treue Interessengruppe. Hinzu kommt der Trend, dass die Leute gern zu Verkostungsveranstaltungen gehen und sich für regionale Produkte interessieren. Und da ist der schwäbische Whisky ein idealer Vertreter.

Im Hinblick auf die Brennereienszene gab es mit der Abschaffung des Branntweinmonopols große Veränderungen. So ist die Abnahme des Alkohols, der von den Abfindungsbrennereien erzeugt wird, vom Staat nicht mehr garantiert, sodass sich die Brenner um neue Vermarktungsstrukturen kümmern müssen. Ich glaube, dass da einiges passieren wird.

Wir haben sehr viele kleine Brennereien im Süden mit einer sehr großen Vielfalt. Im Vergleich zu den großen Whiskynationen stecken wir, was die Menge angeht, die hier in der Region produziert wird, sicher in den Kinderschuhen, da ist noch Wachstumspotenzial. Ich könnte mir auch vorstellen, dass sich kleinere Brennereien zusammenschließen und gemeinsam größere Marken etablieren. Ich bin auf jeden Fall gespannt, wohin es geht.

NOCH MEHR WHISKY

Can Seo – Livemusik und Whiskydinner

Die Band verbindet Whiskytasting mit Musik an besonderen Orten. Zwei Mal jährlich findet im Gewölbekeller der Destillerie Old Gamundia ein »Schottisches Whiskydinner« mit Livemusik von Can Seo statt. Dazu gibt es ein mehrgängiges Menü inkl. Whiskyverkostung.

www.can-seo.de

Galerie der Sinne

Nicht einfach nur ein Laden mit regionalen Produkten: Handgefertigte und liebevoll gestaltete schwäbische Geschenkkörbe werden hier individuell zusammengestellt – im Sortiment sind auch zahlreiche schwäbische Whiskys.

Ledergasse 28
73525 Schwäbisch Gmünd
www.galerie-der-sinne.de

Blick von Oberwälden Richtung Hohenstaufen

UND SONST – AUSFLUGSTIPPS

Besucherbergwerk »Tiefer Stollen«

Erzhäusle 1
73433 Aalen
www.bergwerk-aalen.de

Das Besucherbergwerk befindet sich wenige Kilometer entfernt von der Brennerei Roder. Interessante Führung mit viel Wissenswertem über die Geschichte des Eisenerzabbaus. Besonders schön: der Weihnachtsmarkt am zweiten Adventswochenende.

Limestor Rainau-Dalkingen

73492 Rainau
www.limestor-dalkingen.de

Der Obergermanisch-Raetische Limes gehört seit 2005 zum UNESCO Welterbe. Eine der bedeutendsten Stätten auf der Strecke des 550 Kilometer langen Bodendenkmals ist das »Limestor Dalkingen«. Die beeindruckende Ruine eines römischen Triumphalbogens steht geschützt in einem Glashaus wenige Kilometer von Wasseralfingen entfernt. Eine kleine Wanderung vom Limestor zum Limesturm ist gut ausgeschildert.

Stauferrundbild in Lorch

2002 wurde das Stauferrundbild von Künstler Hans Kloss fertiggestellt und kann im Kapitelsaal des ehemaligen Benediktinerklosters ganzjährig besichtigt werden. Auf 30 Metern Länge und 4,50 Metern Höhe wird hier die Geschichte der Staufer erzählt.

Kloster Lorch
Klosterstraße 6
73547 Lorch
www.kloster-lorch.com

Limestor Dalkingen

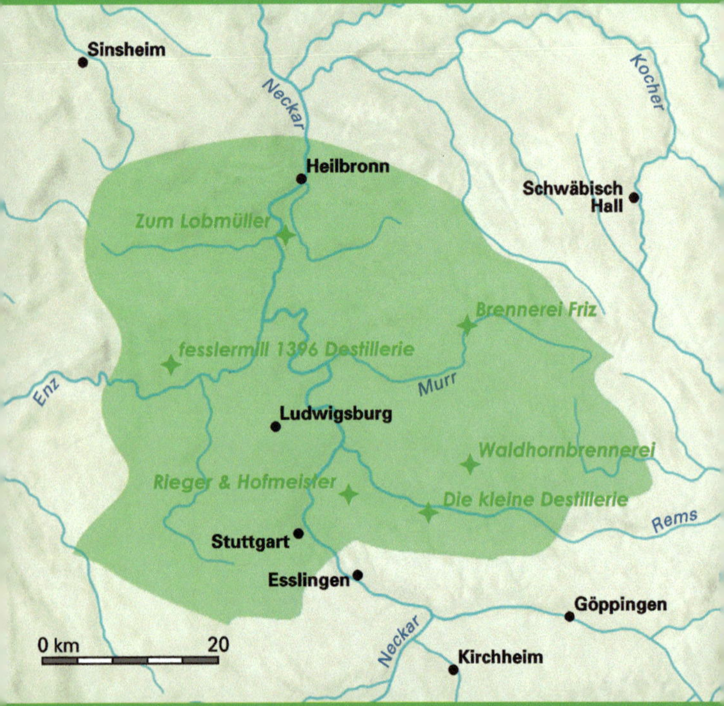
Sinsheim
Neckar
Kocher
Heilbronn
Schwäbisch Hall
Zum Lobmüller
Brennerei Friz
fesslermill 1396 Destillerie
Enz
Murr
Ludwigsburg
Waldhornbrennerei
Rieger & Hofmeister
Die kleine Destillerie
Rems
Stuttgart
Esslingen
Göppingen
0 km
20
Neckar
Kirchheim

REGION NORD

Heilbronn und das Heilbronner Land gelten als das Zentrum des württembergischen Weinbaus. Dementsprechend prägen unzählige Rebstöcke die Landschaft, die vom historischen Wartbergturm – dem Wahrzeichen Heilbronns – wunderbar überblickt werden kann. Folgt man der württembergischen Weinstraße, laden Besenwirtschaften und Weinlokale vielerorts zur Einkehr ein. Die von Weinbergen umgebenen Dörfer bieten eine malerische Kulisse auf dem Weg Richtung Süden.

Der angrenzende Rems-Murr-Kreis ist mit Anteilen von Schurwald und Schwäbischem Wald die grüne Lunge Stuttgarts. Der Obergermanisch-Raetische Limes zieht sich durch die Landschaft, und mit gut erhaltenen Burgen und historischen Mühlen lässt sich bei einer Wanderung oder Radtour die Vergangenheit anschaulich erleben. Mit dem Projekt Remstal Gartenschau 2019 schlossen sich 16 Kommunen zusammen, um eine Garten- und Kulturlandschaft entlang der Rems zu erschaffen – ein in Deutschland bisher einzigartiges Projekt, bei dem es auch abwechslungsreiche Architektur- und Kunstprojekte zu entdecken gibt.

Neben Weinreben und Wäldern sind vielerorts Streuobstwiesen zu finden und damit einhergehend zahlreiche Brennereien. Insbesondere zwischen Rems und Murr haben sich einige davon auch der Whiskybrennerei gewidmet.

Die Durchfahrtsstraße in Berglen führt an der Waldhornbrenenrei Klotz vorbei

Waldhornbrennerei Klotz

Berglen ist eine Ortsgemeinschaft im Schwäbischen Wald östlich von Stuttgart, die sich auf 16 Teilorte und Dörfer verteilt. Größter Ort ist Oppelsbohm, und hier findet man zentral gelegen die Waldhornbrennerei Klotz. 1901 übernahm der Urgroßvater von Michael und Jürgen Klotz die einstige Gaststätte »Waldhorn« mit Mehlhandlung und Brennerei, in der seil 1896 urkundlich belegt Spirituosen gebrannt wurden. Die Gaststätte und Mehlhandlung gibt es nicht mehr, aber gebrannt wird im Familienbetrieb noch immer. Hauptsächlich von Mutter Gerlinde; Sohn Jürgen ist dabei, in die Fußstapfen zu treten; sein Bruder Michael kümmert sich um das Marketing.

Die Abfindungsbrennerei verfügt seit 1975 über zwei Brennrechte und somit auch über zwei Brenngeräte, sodass getrennt voneinander auf der einen Brennblase Obstbrände, auf der anderen Whiskys destilliert werden können. Den ersten Whisky destillierte Jürgen Klotz 2010. Er entschied sich damals, einen Single Malt aus Gerstenmalz mit verschiedenen Röststufen herzustellen. Das Destillat reifte einige Jahre in neuen amerikanischen Eichenfässern. Doch mit dem Ergebnis war Klotz nicht zufrieden.

Waldhornbrennerei
Klotz GbR
Inh. Gerlinde, Michael
und Jürgen Klotz
Mozartstraße 5
73663 Berglen-
Oppelsbohm
Tel. +49 (0) 7195 716 68
info@waldhorn
brennerei.de
www.waldhorn
brennerei.de

Ihm fehlte die Fruchtnote im Whisky, daher stieg er auf gebrauchte Oloroso-Sherryfässer um.

Die Whiskys der Waldhornbrennerei sind nicht nur Single Malts, sondern auch immer Single-Cask-Abfüllungen. Hierdurch kommt es zu geschmacklichen Unterschieden – kein Whisky schmeckt von Fass zu Fass gleich. Eine Vielfalt und Variation, die vom Brenner gewollt ist.

Als der erste Whisky der Waldhornbrennerei 2013 abgefüllt wurde, musste ein passender Name gefunden werden. Berglen-Oppelsbohm liegt im Tal des Buchenbachs. Der Bach fließt direkt an der Brennerei vorbei und flutete sie auch schon einmal, zum Glück ohne größeren Schaden anzurichten. In Anlehnung an den Ortsnamen »Berglen« und den Buchenbach erhielt der Whisky den Namen »Glen Buchenbach« – und die Brennerei zwei Monate später ein Schreiben von den Rechtsanwälten der Scotch Whisky Association. Seither läuft ein Rechtsstreit, ob der Whisky das Wörtchen »Glen« in seinem Namen führen darf.

Bei den Brennereiführungen wird meist nebenher von Gerlinde Klotz gebrannt, während Sohn Jürgen in die Geheimnisse des Whiskys und seiner Destillate einweiht. Die Gäste dürfen während der Führung nicht nur die Destillate der Brennerei probieren, sondern auch mal am Vorlauf schnuppern, den Nachlauf testen und den Unterschied zwischen dem frisch gebrannten »new make« und dem fertigen Whisky erschmecken.

Auch die Verpackung des Whiskys wurde sorgfältig durchdacht: Die Flaschen sind mit dem Familienwappen versiegelt und die viereckige Flaschenform und Holzverpackung sind Anspielung auf den Namen des Erzeugers: Klotz.

Führungen
Führungen mit Destillatsverkostung können für Gruppen von 10 bis 15 Personen individuell gebucht werden.

Öffnungszeiten Hofladen
Beethovenstraße 30
73663 Berglen-Oppelsbohm
Do, Fr 12:30–18 Uhr
Sa 10–12:30 Uhr
oder nach telefonischer Vereinbarung

Anreise

Mit dem Zug nach Winnenden, weiter mit dem Bus 337, Haltestelle Oppelsbohm Ortsmitte, 150 Meter zu Fuß.
Auto: Über die B14 auf die Kreisstraße Richtung Berglen. Parkplätze vorhanden.

Übernachten/Essen

Lessingstraße 13
73663 Berglen-Lehnenberg
www.blessings-landhotel.de

Blessings Landhotel

Familiengeführtes Tagungshotel mit Restaurant, in ruhiger Lage wenige Kilometer von der Brennerei entfernt.

Birkenweißbuch
Hohensteinstraße 5
73663 Berglen
www.lamm-birkenweissbuch.de

Gasthaus LAMM

Traditionelles Gasthaus mit schwäbischer Küche, das Fleisch wird von regionalen Landwirtschaftsbetrieben bezogen und vom eigenen Metzgermeister verarbeitet.

Die kleine Destillerie

Karin Sigle
Gundelsbacher Straße 2
71384 Weinstadt-Großheppach
Tel. +49 (0)7151 994 74 67
karin.sigle@t-online.de
www.kleine-destillerie.de

In Weinstadt wird – wie der Name schon ahnen lässt – seit jeher Wein angebaut. Und so liegt »Die kleine Destillerie« idyllisch zwischen Weinbergen und Streuobstwiesen etwas außerhalb des Stadtteils Großheppach auf einem Aussiedlerhof. Brennerin Karin Sigle hat hier ein wahres Juwel geschaffen. Die alte Scheune, in der einst landwirtschaftliche Maschinen ihren Platz hatten, beherbergt heute eine Brennerei nebst Hofladen und Veranstaltungsräumen mit eigens restaurierten Möbeln. Die hohen hölzernen Scheunentore wurden durch schmiedeeiserne Tore mit Glasfront ersetzt, sodass man bereits bei der Ankunft einen Blick ins Innere erhaschen kann. Eine große Sitzgruppe, angefertigt aus alten Weinbrandfässern, lädt vor dem Hofladen zum Verweilen und Genießen der wunderschönen Aussicht ein.

Zur Whiskybrennerei kam die Agrarwissenschaftlerin eher zufällig. Ihr Vater war Stoffbesitzer und erfuhr, dass eine gebrauchte Brennerei zum Verkauf stand. Daraus entstand die Idee, das eigene Obst zukünftig nicht mehr bei anderen Brennern destillieren zu lassen, sondern ein eigenes Brennrecht zu erwerben. Er besprach sich mit seiner Tochter, und schließlich entschied man, statt einer gebrauchten gleich eine neue Brennerei anzuschaffen. Karin Sigle informierte sich bei anderen Brennern und belegte verschiedene Brennerkurse. 2007 wurde die Abfindungsbrennerei eröffnet. Zudem absolvierte Sigle 2015 eine Ausbildung zur Edelbrand-Sommelière.

Von Anfang an probierte Sigle vieles aus, wagte sich gleich an Single Malts und Grain Whiskys, aber auch ausgefallene Destillate wie beispielsweise einen Karottenbrand (bei der International Wine and Spirit Competition 2017 mit Gold ausgezeichnet) findet man im Sortiment.

Regionalität, Nachhaltigkeit und die Arbeit mit natürlichen Rohstoffen sind Sigle wichtig. In ihren Grain Whiskys ist daher immer ein Anteil Gerstenmalz enthalten. So kann sie auf den Zusatz von Enzymen verzichten. Die Lagerung der Whiskys erfolgt hauptsächlich in Spätburgunderfässern, aber auch ein Weißburgunderfass liegt im Keller unter der einstigen Scheune.

Eine Besonderheit in ihrem Sortiment ist der Grünkernwhisky. Ein Kunde brachte sie auf die Idee und legte ihr gleich noch zwei Säcke Grünkern vor die Tür. Als echte Schwäbin konnte Sigle das Getreide unmöglich verkommen lassen – sie startete einen Versuch und war begeistert. Seither gehört der Grünkernwhisky fest ins Sortiment.

Und noch ein Tipp: Auch die von einem befreundeten Künstler gestalteten Etiketten sollten Sie bei einem Besuch unbedingt beachten.

Sitzgruppe aus alten Holzfässern vor dem Hofladen

Führungen

Führungen und Tastings können individuell für Gruppen ab 10 Personen gebucht werden. Zur Verkostung werden Häppchen mit selbst gebackenem Brot, Salzkuchen und Flachswickel aus dem eigenen Holzbackofen gereicht. Kleinere Gruppen sind während der Öffnungszeiten des Hofladens willkommen. Es besteht die Möglichkeit, Destillate bei schöner Aussicht im Duftgarten zu verkosten.

Highlight

Moonshiners Party – Die lange Vollmondnacht mit Live-Destillation, Tasting und kulinarischen Köstlichkeiten aus dem Holzbackofen. Jeweils im Herbst, Termin auf der Website.

Öffnungszeiten Hofladen

Do	16–19 Uhr
Fr	10–19 Uhr
Sa	13–16 Uhr

Im Duftgarten dürfen Kunden verweilen und Destillate verkosten.

Anreise

Mit der S-Bahn von Stuttgart bis Beutelsbach, ca. 20 Minuten Wanderung durch Baumwiesen und Weinberge.
Auto: Von der B 29 kommend durch Großheppach. Parkplätze vorhanden.

Übernachten/Essen

Weinstadt-Hotel

Romantisch-ländliches Hotel mit handyfreiem Frühstücksbereich und Restaurant mit schwäbisch-französischer Küche.

Marktstraße 41
71384 Weinstadt-Beutelsbach
www.weinstadt-hotel.de

Hotel Restaurant Rössle

Traditionsreiches, familiengeführtes Gasthaus mit schwäbischer Küche.

Waiblinger Straße 2–4
71384 Weinstadt-Endersbach
www.roessle-weinstadt.de

Rieger & Hofmeister

Destillerie und
Genussmanufaktur
Marcus Hofmeister
Rommelshauser Straße 9/1
70734 Fellbach
Tel. +49 (0)711 578 32 42
info@rieger-hofmeister.de
www.rieger-hofmeister.de

Am nordöstlichen Rand Stuttgarts zwischen Neckar und Remstal liegt die Weinbaustadt Fellbach. Die Rebfläche auf dem Kappelberg wird noch heute von zahlreichen Weingärtnern und privaten Weingütern bewirtschaftet. Doch auch der Getreideanbau hat einen großen Stellenwert, so gilt der Ackerboden in der Region als einer der fruchtbarsten Deutschlands. Ideale Basis für die Whiskybrennerei. Der erste Whisky wurde von Brenner Marcus Hofmeister 2006 destilliert und kam im November 2009 mit Eröffnung des einladend eingerichteten »Gutslädles« in den Verkauf.

Der Gedanke, Whisky zu brennen, kam Hofmeister während des Fachhochschulstudiums zum Diplomingenieur für Weinbau- und Getränketechnologie. Die Vielfalt der Möglichkeiten bei Getreideauswahl und Fassmanagement entfachte die Leidenschaft des Brenners für diesen edlen Brand. Ergänzend zum Studium besuchte er Brennerkurse in der Lehrbrennerei Hohenheim und absolvierte die Ausbildung zur staatlich geprüften Fachkraft für das Brennereiwesen in Weinsberg. Hinzu kam 2017 eine Weiterbildung zum Edelbrand-Sommelier.

Mit der Übernahme der Brennerei 2005 von seinem Stiefvater Albrecht Rieger setzte er seine Idee in die Tat um. Unter Hofmeisters fachkundigen Händen entstehen in den zwei Brennereianlagen neben Edelbränden, Gin und Likören nun auch schwäbische Whiskys. Dabei brennt er nicht nur Single Malt Whisky aus Gerstenmalz, sondern auch einen Rye Malt Whisky, hinzu kommen Grain Whiskys aus verschiedenen ungemälzten Getreidesorten sowie limitierte Sondereditionen wie ein Whisky aus Rauchmalz.

Bei der Lagerung greift er auf gebrauchte Weinfässer aus der Region zurück, die bereits mehrfach mit regionalem Weiß- oder Rotwein belegt waren. Das Finish erfolgt im Sherry- oder Portweinfass. Gelagert werden die Brände mindestens drei bis vier Jahre im ehemaligen Kühlhaus der Brennerei.

Die Brennerei befindet sich nur durch eine Glasscheibe getrennt direkt neben dem Gutslädle, sodass man bei einem Besuch einen Blick darauf werfen kann und vielleicht den Destillateur gerade bei der Arbeit sieht. Direkt neben Brennerei und Laden betreibt Ehefrau Stephanie das Restaurant »Moiakäfer«. In dessen gemütlich eingerichtetem Gewölbekeller lassen sich nach einer Führung die Whiskys bei einem mehrgängigen Menü stilvoll verkosten.

Gewölbekeller im Moiakäfer

Führungen

Termine für Brennereiführungen mit Tastings und Menü stehen auf der Website unter »Neuigkeiten«.

Individuelle Termine für Führungen inkl. Tastings mit oder ohne Essen sind für Gruppen nach persönlicher Vereinbarung möglich.

Öffnungszeiten Gutslädle

Sommer	(Mai–Okt.)
Do, Fr	17–19 Uhr
Sa	10–14 Uhr
Winter	(Nov.–Apr.)
Di, Do, Fr	17–19 Uhr
Sa	10–14 Uhr

oder nach persönlicher Vereinbarung

Anreise

Von Stuttgart mit der S2 oder S3 zum Bahnhof Fellbach, von dort ca. 20 Minuten zu Fuß oder Buslinie 60 Richtung Untertürkheim, Haltestelle Kappelbergstraße.
Auto: Über B 14 nach Fellbach. Parkplätze vorhanden.

Übernachten/Essen

Weinstube & Restaurant Moiakäfer

Rommelshauser Straße 9
70734 Fellbach
www.weinstube-moiakaefer.de

Restaurant mit regionalen Speisen und Getränken. Beachten: Öffnungszeiten Mo–Fr ab 17 Uhr. Am Wochenende und an Feiertagen nur für geschlossene Gesellschaften und Veranstaltungen. Im Moiakäfer finden zahlreiche Veranstaltungen der Brennerei Rieger & Hofmeister mit Tastings und Brennereiführung statt.

Hotel Hirsch

Modernes Business-Hotel und Gästehaus inkl. Wellnessbereich. Das Restaurant bietet auch Destillate von Rieger & Hofmeister an.

Unterdorfstraße 2
73342 Bad Ditzenbach-Gosbach
www.hirsch-badditzenbach.de

Hotel Bürkle garni

Traditionsreiches Hotel mit individuell gestalteten Zimmern und kleinem Wellnessbereich.

Augustenstraße 1
70736 Fellbach-Schmiden
www.hotelbuerkle.de

Brennerei Friz

Reichenberg ist ein kleiner Ortsteil von Oppenweiler. Schon von Weitem sieht man die aus dem Jahre 1233 sehr gut erhaltene Burg Reichenberg, von deren Burggarten in gut 320 Metern Höhe man einen wunderbaren Blick über das Murrtal hat, bei gutem Wetter reicht die Sicht bis zum Stuttgarter Fernsehturm. Aber vielleicht möchte man gar nicht in die Ferne schauen – denn im Gewölbekeller der romanischen Anlage befindet sich das Fasslager der Brennerei Friz, die in unmittelbarer Nähe zur Burg liegt. Kies knirscht unter den Füßen, wenn man bei Brennereiführungen den schummrigen Keller betritt. Und hier wird auch gern mal verkostet – mit etwas Glück ein Tröpfchen aus einem der zahlreichen Fässer.

Jürgen Friz
Brunnengasse 4
71570 Oppenweiler-Reichenberg
Tel. +49 (0) 7193 88 40
info@brennerei-friz.de
www.brennerei-friz.de
und
www.brennfactum.de

Jürgen Friz hat quasi zwei Vollzeitjobs: Zum einen betreibt er eine Verschlussbrennerei, die insbesondere in den Erntemonaten sehr viel Zeit erfordert. Zum anderen hat er das Glück, dass er sich in seinem zweiten Hauptberuf ebenfalls mit diesem Thema beschäftigen darf: Friz arbeitet im Kompetenzteam Brennerei der staatlichen Lehr- und Versuchsanstalt für Wein- und Obstbau Weinsberg. Bereits in jungen Jahren half er seinem Vater in dessen Abfindungsbrennerei. Sein Interesse am Brennen erwachte jedoch erst richtig, als er 1987 Stoffbesitzer wurde und sein eigenes Kontingent auf der Anlage des Vaters brennen durfte. 1996 übernahm er dessen Brennerei, besuchte Kurse und Fortbildungen und absolvierte 2010 die Prüfung zum landwirtschaftlichen Brennmeister. Im selben Jahr brannte er den ersten Whisky. Wenig später folgte die Prüfung zum Edelbrand-Sommelier, und 2014 wagte der Brennmeister den Schritt von der Abfindungsbrennerei zu einer größeren Verschlussbrennerei. Neben Whiskys produziert Friz zahlreiche Destillate und Liköre, für die er bereits viele Auszeichnungen erhielt.

Fasslager im Gewölbekeller der Burg Reichenberg

Tradition und Innovation sind für den Brenner keine Werte, die sich gegenseitig ausschließen. In seinen Whiskys soll man die schwäbische Heimat erkennen können. Für seine Destillate verwendet er regionale und ausschließlich natürliche Rohstoffe. Gleichzeitig probiert er gern Neues und auch mal Ungewöhnliches aus. So experimentiert er nicht nur mit unterschiedlichen Getreidesorten, sondern auch mit verschiedenen Hefen. Neben den klassischen Whiskyfässern aus amerikanischer Eiche und europäischen Barriquefässern findet man zum Beispiel einzelne Kastanien- oder Eschenholzfässer, in denen Obstbrände gelagert werden.

Aktuell sind Grain Whiskys aus Roggen mit einem Anteil Gerstenmalz im Angebot, die bei einem Tasting im Verkostungsraum direkt über der Brennerei probiert werden können. Im Gewölbekeller lagern jedoch zahlreiche weitere Whiskys aus verschiedenen Getreidesorten, die darauf warten, abgefüllt zu werden. Und wer mal über den Rand seines Whiskyglases hinausschauen möchte, der sollte den »Fässertanz« probieren – ein nicht ganz alltäglicher fassgelagerter Brand aus Zuckerrüben.

Führungen
Am »Tag des Schwäbischen Waldes« Tasting im Gewölbekeller, ansonsten können Führungen und Tastings individuell für Gruppen ab 15 Personen gebucht werden. Besondere Whiskyevents sind in Planung – Informationen dazu werden auf der Website veröffentlicht.

Öffnungszeiten Hofladen
Mi 18–20 Uhr
Sa 10–14 Uhr
oder nach telefonischer Vereinbarung. Ansonsten gilt: »Offa isch, wenn ebber dahoam isch.« (Für Nichtschwaben: Offen ist, wenn jemand zu Hause ist.)

Anfahrt

Mit dem Zug nach Oppenweiler, über Kirchweg ca. 25 Minuten zu Fuß.
Auto: B 14 nach Oppenweiler, dann bergauf Richtung Burg bis zur Ortsmitte Oberer Reichenberg. Parkplätze vorhanden.

fesslermill 1396 Destillerie

Untere Mühle 2–4
74372 Sersheim
www.whiskywelt-fessler.de

Der Name verrät es – seit mehr als 600 Jahren steht die Fessler Mühle am Rande des Strombergs an der Metter. Der Bach versorgt noch heute die Getreidemühle mit Energie, und hier wird auch das Korn für den Whisky gemahlen. Die Tradition der Whiskybrennerei greift zwar noch nicht so weit zurück – der »mettermalt® whisky« wird erst seit 2014 von Wolfgang und Tobias Fessler gebrannt –, dennoch kann die Destillerie bereits mit einem ansprechenden Programm aufwarten: Neben dem eigenen Whisky werden verschiedene Tastings angeboten, im Mühlenhof gab es bereits ein großes Whiskyfestival, das jährlich wiederholt werden soll, und Wolfgang und Tobias Fessler sind Gründer des Württembergischen Whiskyclubs mit mittlerweile über 700 Mitgliedern.

Bei einem Besuch der Sersheimer Brennerei heißt einen – vom Metterweg kommend – das Ortsschild »Fessler Mühle« herzlich willkommen. Sollte man mit dem Auto unterwegs sein, liegt gleich

hinter der nächsten Biegung ein großzügiger Parkplatz. Auf dem Gelände der Fessler Mühle gibt es einiges zu entdecken: So betreibt die Familie nicht nur die Getreidemühle samt Hofladen, Bäckerei und Brennerei, sondern auch die Kleinkunstbühne »Beutelkasten« mit Restaurant sowie ein Fitness-Studio. Das Familienunternehmen ist breit aufgestellt.

Auch bei den Whiskys probieren Senior und Junior Fessler einiges aus. Für die Grain Whiskys werden verschiedene regionale Getreidesorten gebrannt – als Müller hat Fessler beste Möglichkeiten: von Weizen über Roggen bis hin zu Dinkel oder auch mal Hafer. Beim Fassmanagement kommen regionale Rot- und Weißweinfässer zum Einsatz, aber auch Weinfässer aus dem Piemont oder Ex-Bourbonfässer und schottische Whiskyfässer werden belegt. Gelagert werden die edlen Destillate im 400 Jahre alten Gewölbekeller der Mühle. Man darf gespannt sein, was aus dem Keller zukünftig in die Flaschen kommt.

Führungen
Mehrere Termine zu verschiedenen Themen-Tastings sowie Whisky-Wein-Wanderungen. Infos & Termine auf der Website.

Highlight
Glencoe Swabian Whiskyday – Whiskyfestival im Mühlenhof der Fessler Mühle mit regionalen Whiskybrennern, Pipes & Drums, Kulinarik und vielen Infos zum Thema Whisky & Brennerei. Termin auf der Website.

Öffnungszeiten des Mühlen- und Hofladens

Mo, Mi–Fr	9–12 Uhr & 15–18 Uhr
Di & Sa	9–12 Uhr

Anreise

Mit dem Zug nach Sersheim, ca. 10 Minuten zu Fuß.
Auto: Kreisstraße nach Sersheim, über Metterweg zur Mühle. Parkplätze vorhanden.

Zum Lobmüller

Hörnlesbrunnen 3
74388 Talheim
www.zumlobmueller.de

Im Heilbronner Land sind die schwäbischen Whiskybrennereien noch rar gesät. Doch südlich von Heilbronn findet man inmitten von Weinbergen bei Talheim das Weingut und die Brennerei von Andrea und Andreas Lobmüller. Neben zahlreichen Obstbränden, Likören und Weinen haben Lobmüllers auch einen Grain Whisky im Angebot. Aus regionalem Getreide gebrannt, wird der Whisky sechs Jahre in Eichenfässern gelagert. Eine Möglichkeit, den Whisky zu probieren, könnte sich beim Besuch der monatlich stattfindenden Besenwirtschaft in den modern eingerichteten Gasträumen ergeben. Termine stehen auf der Website.

Öffnungszeiten Hofladen

Do–Sa	8–12 Uhr
Fr	8–12 Uhr & 14–18 Uhr

Anreise

Auto: B 27 nach Talheim, Achtung, Abzweig Schlossstraße ist etwas eng. Parkplätze vorhanden.

Whisky Stube in Neckarsulm

www.whiskystube.de

Die Whisky Stube widmet sich voll und ganz dem deutschen Whisky und bietet zahlreiche Tastings zu unterschiedlichen Themenschwerpunkten an. Zudem sind exklusive Sonderabfüllungen deutscher Whiskys im Angebot.

Continental Whisky Market in Stuttgart

www.messe-stuttgart.de/marktdesguten geschmacks/besucher/rahmenprogramm/continental-whisky-market/

Der Continental Whisky Market ist Teil der jährlich im April in Stuttgart stattfindenden Slow Food Messe. Zahlreiche Whiskybrennereien aus Deutschland und dem europäischen Festland präsentieren an fünf Tagen ihre Whiskys. An der WhiskyThek können die verschiedenen Destillate probiert werden. Zudem finden täglich Vorträge und Seminare statt. In dieser Form einzigartig in Europa.

0711 Spirits in Stuttgart

https://0711spirits.de

Unter dem Dach der Phönixhalle im Römerkastell in Stuttgart findet seit 2015 jeweils Ende Januar die »0711 Spirits« statt. Das historische Areal bietet genau das richtige Ambiente für die Spirituosenmesse, bei der nicht nur »die üblichen Verdächtigen« ihre Destillate anbieten.

Im Rahmen der dreitägigen Messe werden verschiedene Tastings angeboten, eine Buchung im Voraus ist empfohlen.

Derselbe Veranstalter bietet zudem das ganze Jahr über verschiedene Whiskytastings in Stuttgart an.

https://0711tastings.de

Mauritiuskirche in Berglen

UND SONST – AUSFLUGSTIPPS

Schwäbisches Schnapsmuseum

Meiereihof 5 + 7
74357 Bönnigheim
www.schwaebisches-schnapsmuseum.de

Auf dem Weg zwischen der fesslermill und dem Weingut Zum Lobmüller befindet sich in Bönnigheim die größte alkoholgeschichtliche Museumssammlung Deutschlands. Hier erfahren Sie alles über die Entwicklung der Destillationstechnik von ihren Anfängen bis heute. Museumsführungen können inkl. Schnapsverkostung gebucht werden.

Führungen sind für Gruppen nach individueller Vereinbarung ganzjährig möglich.

Schwäbische Waldbahn

www.schwaebische-waldbahn.de

Historischer Dampfzug von Schorndorf nach Welzheim. Die durch den Schwäbischen Wald führende Fahrt gilt als eine der schönsten und steilsten Baden-Württembergs.

Museum in den Berglen

Heimatmuseum in Berglen-Oppelsbohm inkl. Ausstellung einer bäuerlichen Kleinbrennerei. Eintritt frei.

www.museum-berglen.de

Öffnungszeiten
Von März bis Oktober jeden letzten Sonntag des Monats 14–17 Uhr oder nach Vereinbarung.

Burg Reichenberg

Von Mai bis August am letzten Sonntag des Monats ab 14 Uhr Burgcafé mit Burgführung sowie im September am »Tag des Schwäbischen Waldes«. Gruppenführung ganzjährig individuell buchbar.

www.burg-reichenberg.de

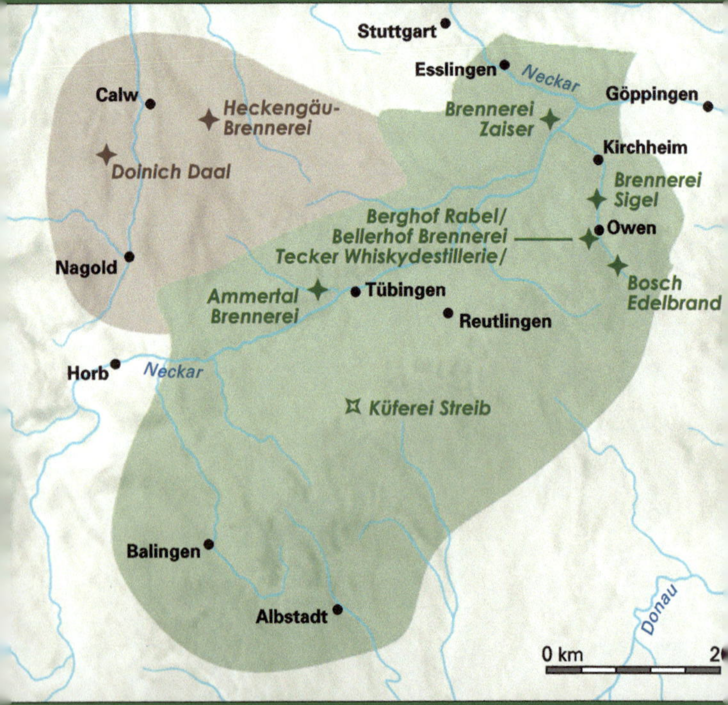

Stuttgart
Esslingen
Neckar
Göppingen
Calw
Heckengäu-
Brennerei
Brennerei
Zaiser
Kirchheim
Dolnich Daal
Brennerei
Sigel
Berghof Rabel/
Bellerhof Brennerei
Tecker Whiskydestillerie/
Owen
Nagold
Bosch
Edelbrand
Ammertal
Brennerei
Tübingen
Reutlingen
Horb
Neckar
Küferei Streib
Balingen
Albstadt
Donau
0 km

REGION WEST

Südlich von Stuttgart zwischen Alb und Neckar liegt das »Schwäbische Streuobstparadies« – mit rund 26.000 Hektar eine der größten zusammenhängenden Streuobstlandschaften Europas. Aber hier werden nicht nur Obstbäume gepflegt, auch der Getreideanbau ist in der Region zwischen Neckartal und Albtrauf weit verbreitet.

Mit Owen (ausgesprochen: Auen) liegt hier das Whiskyzentrum Deutschlands, denn das Dorf am Fuß des Teckbergs ist der einzige Ort in Deutschland, in dem es gleich drei Whiskybrennereien gibt. Der Vergleich mit dem schottischen Dufftown liegt nahe. In den Nachbarorten finden sich weitere Whiskybrennereien, die sich mit einer ausgiebigen Wanderung oder Radtour durch die wunderschöne schwäbische Voralblandschaft leicht erschließen lassen.

Südwestlich von Stuttgart gelegen lockt der älteste Naturpark Baden-Württembergs: der Schönbuch. Es ist eines der größten geschlossenen Waldgebiete

Süddeutschlands und bietet mit Premiumwanderwegen und Lehrpfaden nicht nur an heißen Sommertagen schattige Abwechslung. Am südöstlichen Rand des Naturparks lädt die Universitätsstadt Tübingen mit ihrer historischen Altstadt zu zahlreichen Märkten und Veranstaltungen ein.

Begibt man sich ein Stückchen weiter westlich Richtung Gäu, kratzt das Schwabenland an den Rand des nördlichen Schwarzwaldes mit seinen dicht bewaldeten Hängen, tiefen Tälern und Hochplateaus. Und nahe zum Badischen finden sich auch hier noch zwei schwäbische Whiskybrenner.

Schloss Lichtenstein

Brennerei Zaiser

Markus Zaiser
Hussengasse 1
73257 Köngen
Tel. +49 (0) 7024 80 39 80
info@obstbrennerei.de
www.schwaebische-whiskybrennerei.de

Im Neckartal zwischen Filderebene und dem Vorland der Schwäbischen Alb inmitten der Gemeinde Köngen betreibt Markus Zaiser seine Brennerei. Der kleine Familienbetrieb hat in seinem Hofladen »Schnapsstüble« neben verschiedenen Obstbränden Single Grain, Single Malt und Roasted Grain Whiskys im Angebot. Hinzu kommen Spezialabfüllungen wie ein Double Cask, der in der Erstbelegung in einem Olorosso-Sherryfass gereift ist und in der Zweitbelegung in einem getoasteten Apfelmostfass. Und das ist schon die erste Besonderheit von Zaisers Whiskys. Viele Whiskys erhalten nach Lagerung in Sherry- oder Bourbonfässern ein Finish in eigens von Brenner Markus Zaiser aufbereiteten schwäbischen Apfelmostfässern. Gut erhaltene Apfelmostfässer zu finden ist in Zeiten, in denen Holzfässer durch Plastikbehälter ersetzt worden sind und das Mosten aus der Mode gekommen ist, allerdings eine Herausforderung.

Die Aufbereitung der Fässer erfordert viel Zeit, Geduld und Können, das sich Zaiser mittels Learning by Doing im Laufe der Jahre selbst angeeignet hat. Durch das starke Toasten über Holzspänen erhalten seine Whiskys eine leicht würzig-rauchige Note.

Von Hand geröstetes Getreide.

Als »urschwäbisch« bezeichnet Zaiser die Lagerung seiner Fässer im Gewölbekeller. Gleichbleibende Temperaturen um die 14 °C und hohe Luftfeuchtigkeit sorgen für eine langsame Reifung und wenig Verlust. Urschwäbisch nicht nur deshalb, weil der Angel's Share durch die Lagerung entsprechend gering ausfällt, sondern auch, weil es im Ländle viele alte Häuser mit Gewölbekellern gibt, in denen allerlei gelagert wurde und wird.

Eine weitere Spezialität der Brennerei sind die Roasted Grain Whiskys. Dazu röstet Zaiser den Weizen von Hand auf einer Stahlplatte über offenem Feuer, bis sie eine schöne dunkelbraune Färbung bekommen. Hierfür braucht es Zeit und Feingefühl, denn der Weizen soll gleichmäßig rösten und darf nicht verbrennen. Auch der weitere Prozess des Einmaischens ist anstrengende Handarbeit. Über Holzfeuer werden Kessel erhitzt, in denen das Getreide eingemaischt wird, um im Anschluss mehrere Tage in Bottichen zu gären. Destilliert werden die Whiskys entweder im reinen Pot-Still-Verfahren oder via Pot Still mit nachgelagerter Kolonne.

Vater Kurt Zaiser begann 1993 mit der landwirtschaftlichen Abfindungsbrennerei. Im ersten Holzfass, das Sohn Markus zum 20. Geburtstag bekam, wurde zunächst ein Golden Delicious ausgebaut. Eine Irlandreise mit Besuch einer Brennerei weckte in Kurt Zaiser die Idee, es auch mal mit einem Whisky zu probieren. Aromatischer Weizenkorn war schon in der Vergangenheit gebrannt worden. Und so wurde im einstigen Apfelfass Nummer eins 1999 der erste Single Grain Whisky gelagert. Allerdings stellte das Ergebnis Markus Zaiser nicht zufrieden, und er begann, seinen Weizen durch das oben beschriebene besondere Röstverfahren zu verfeinern und auch der Fasslagerung ein großes Augenmerk zu geben.

»Whisky ist mehr als ein Korn, der drei Jahre im Eichenfass reifte«, liest man auf Zaisers Website. Bei einem Besuch seiner Brennerei kann man viel über die Feinheiten des Whiskybrennens erfahren. Während der Öffnungszeiten steht Brenner Markus Zaiser, der von Anfang an in der Brennerei mitarbeitete und diese seit 2017 führt, für Fragen zur Verfügung.

Whisky im Apfelmostfass gelagert.

Öffnungszeiten Schnapsstüble

Do 17–20 Uhr
Sa 8–13 Uhr
oder nach telefonischer Vereinbarung

Anreise

Mit dem Zug oder der Stuttgarter S-Bahn S1 nach Wendlingen, weiter mit dem Bus, Haltestelle Köngen Rathaus, von dort ca. 3 Minuten zu Fuß.
Auto: Von der A 8 über die B 313 Richtung Köngen.

Brennerei Sigel

Obere Straße 11
73265 Dettingen/Teck

Nur ein kleines Metallschild neben dem Garagentor verrät, dass sich hinter der hellen Fassade mit den braunen Toren statt der einstigen Scheune die Abfindungsbrennerei von Dietmar Sigel befindet. Bereits 1970 begann sein Vater Erich mit der Obst- und Kornbrennerei, 1990 wurde der erste Whisky abgefüllt.

Dietmar Sigel übernahm die Brennerei 2005. In der Abfindungsbrennerei brennt Sigel den »Schlossberg Single Malt« sowie einen Grain Whisky aus Weizen und Gerste. Beide Whiskys erhielten 2017 die Goldmedaille bei der Landesprämierung von Whisky vom Landesverband der Klein- und Obstbrenner Nord-Württemberg e.V.

Gelagert werden die Whiskys nacheinander in bis zu drei verschiedenen Barriquefässern, die Sigel eigens aufbereitet. Sie werden von ihm geöffnet, ausgefräst und getoastet. Ein Handwerk, das der Brenner sich in Eigenregie angeeignet hat. Im Gewölbekeller ruhen die gefüllten Fässer in Gesellschaft von zwei alten Apfelmost-Holzfässern mehrere Jahre. Durch die Lagerung in frisch getoasteten Fässern entsteht ein milder Whisky mit kräftiger dunkler Färbung.

Den Namen »Schlossberg Whisky« wählte Sigel in Anlehnung an den früheren Ortsnamen, der bis 1879 »Dettingen am Schlossberg« lautete. Von der einstigen Höhenburg ist heute jedoch kaum noch etwas erhalten, und so finden Sie den Ort am Rande des Albtraufs nahe der Burg Teck heute unter dem Namen »Dettingen unter Teck« auf der Landkarte.

Auch wenn bisher keine Führungen und Tastings angeboten werden, lohnt sich ein Besuch. Einfach auf gut Glück vorbeischauen (eher nachmittags oder am frühen Abend) und klingeln. Dietmar Sigel ist gern bereit, etwas über seinen Whisky zu erzählen, und wenn Zeit ist, einen Blick auf die Edelstahlbrennerei zu gewähren. Und natürlich kann man seinen Whisky auch probieren und erwerben.

Anreise

Mit dem Zug nach Dettingen, ca. 10 Minuten zu Fuß.
Auto: A8, Ausfahrt Kirchheim unter Teck Ost, über die B465 Richtung Dettingen.

Tecker Whiskydestillerie

Immanuel Gruel
Neue Straße 24–26
73277 Owen/Teck
Tel. +49 (0) 7021 599 85
info@tecker-whisky.com
www.tecker-whisky.com

Die Tecker Whiskydestillerie befindet sich inmitten des kleinen Örtchens Owen am Rande des Albtraufs. Immer in Sichtweite: die Burg Teck, die das Geschehen aus der Höhe zu behüten scheint – wohlgestimmt vom Angel's Share, der von den Fässern aus Gruels Lager kontinuierlich zu ihr hinaufsteigt.

Die Leidenschaft für die edlen Brände wurde Immanuel Gruel in die Wiege gelegt. Bereits mit vierzehn Jahren half er seinem Großvater in der familieneigenen Brennerei. Später absolvierte er eine Ausbildung zum staatlich geprüften Brenner, 2010 übernahm er mit gerade mal 23 Jahren die Brennerei und betreibt diese heute in der 4. Generation. Mit zwei Brennereien und mehr als sechs Hektar Landwirtschaft geht ihm die Arbeit nicht aus.

Gegründet wurde die Brennerei 1926 von Urgroßvater Richard Beller. Zunächst als Obstbrennerei zur Verarbeitung des Obstes von den eigenen Streuobstwiesen. Als Immanuel Gruels Großvater Christian Gruel 1979 nach Schottland reiste, kam ihm zum ersten Mal die Idee, man könne im Ländle ebenfalls einen guten Whisky brennen. Bis zur Umsetzung vergingen jedoch noch einmal zehn Jahre, denn Urgroßvater Beller war von dem Gedanken weniger angetan. Doch 1989 wurde aus der Idee Realität, der erste schwäbische Whisky kam ins Fass, und Christian Gruel gilt seither als Whiskypionier im Ländle. Gruel verarbeitet in seinen Grain Whiskys Weizen aus eigenem Anbau sowie süddeutsche Braugerste für seinen Single Malt. Dazu gibt es hin und wieder Sondereditionen wie zum Beispiel schwäbische Albdinkel-Whiskys. Das Getreide wird in der eigenen Mühle gemahlen und kommt so ganz frisch in den Maischbottich. Nach mehrtägiger Gärung wird die Maische in der Kolonne im diskontinuierlichen Verfahren gebrannt. Die Fassreifung erfolgt im von Immanuel Gruel scherzhaft genannten »Temperaturvarianzlager« – eine Wellblechscheune, die die starken Temperaturschwankungen der Jahreszeiten ungedämmt an die Fässer weitergibt. Dadurch arbeitet das Destillat im Fass intensiv und nimmt die feinen Aromen sehr gut auf.

Das Fassmanagement genießt bei Gruel einen hohen Stellenwert. Hatte man zu Beginn mit neuen Eichenfässern experimentiert, reifen die Whiskys mittlerweile ausschließlich in gebrauchten Fässern – vom klassischen Sherry- oder Portweinfass über Bourbonfässer hin zu besonderen Fasslagerungen in Marsala- oder Amaronefässern. Auch ein Chardonnayfass wurde schon probiert. Mit mehr als 30 Jahren Whiskybrennerei-Erfahrung hat die Destillerie auch einen milden 18-jährigen Whisky im Angebot – eine Rarität für Sammler, in deren Genuss man jedoch mit etwas Glück bei einer Brennereiführung kommen kann.

Brenner Immanuel Gruel

Der Hofladen der Brennerei hat keine festen Öffnungszeiten. Ein Besuch kann telefonisch vereinbart werden, oder bei einem spontanen Stopp vor der Tür der Brennerei kurz beim Brenner anrufen. Alternativ besteht die Möglichkeit, im Rahmen einer Führung die Brennerei und ihre Whiskys kennenzulernen.

Führungen
Führungen mit anschließendem Tasting für Gruppen ab 5 Personen können individuell vereinbart werden.

Die Tecker Whiskydestillerie ist Teil des **Schwäbischen Whisky-Walks.**

Highlight
www.schweben-erleben.de

Segwaytour und Whiskytasting – Bergauf, bergab mit dem Segway um Owen herum, über Panoramawege, durch Streuobstwiesen und an Vulkanen vorbei. Am Ende der Tour Einkehr zum Whiskytasting in die Tecker Whiskydestillerie. Danach geht es natürlich nicht mehr mit dem Segway weiter.

Anreise

Mit dem Zug nach Owen, vom Bahnhof ca. zwei Minuten zu Fuß.
Auto: A 8, Ausfahrt Kirchheim unter Teck Ost, über die B 465 Richtung Owen. Parkmöglichkeit vorhanden.

Bellerhof Brennerei

Thomas & Susanne
Dannenmann
Berghof 1a
73277 Owen/Teck
Tel. +49 (0) 7021 518 92
info@bellerhof-brennerei.com
www.dannes.de

»Baßgeige« nennt sich der Bergzug der Schwäbischen Alb, an dessen Fuß die Bellerhof Brennerei liegt. Etwas außerhalb von Owen betreiben Susanne und Thomas Dannenmann hier eine Pferdepension samt Landwirtschaft und Brennerei. Hinzu kommt die Vermietung einer Ferienwohnung (ideal, wenn nach einem ausgiebigen Tasting der Fahrer ausfällt).

Thomas Dannenmann arbeitete dreißig Jahre als Bankangestellter. Als seine Frau Susanne 1990 den Hof und die Brennerei ihrer Eltern übernahm, half er nebenberuflich mit. Da reifte der erste Whisky, gebrannt von Schwiegervater Fritz Beller, bereits im Fass. Thomas Dannenmann hegte von Anfang an eine große Leidenschaft für das edle Tröpfchen und verfeinerte den Herstellungsprozess sowie das Fassmanagement. 2011 ließ er die Bankenwelt hinter sich, absolvierte eine Ausbildung zum staatlich geprüften Landwirt und widmet sich seither voll und ganz Hof und Brennerei. Am Whisky faszinieren ihn die grandiose Vielschichtigkeit und Variationsmöglichkeiten, die er bei anderen Destillaten in diesem Maße nicht findet. Und noch etwas begeistert den Brennmeister: »Man kann über Whisky und Whiskygeschmack nicht streiten, jeder hat seinen eigenen Geschmack und sein eigenes Aromabild im Kopf.«

Auch Dannenmann hat eine Vorstellung im Kopf, wie sein Whisky werden soll. Diese Idee versucht er, durch die entsprechende Auswahl der Getreidesorten und Fässer zu reproduzieren. Für seinen »Dannes« verwendet er Gerstenmalz, Weizen und Roggen aus der Region, gebrannt wird in der Kolonne. Die Lagerung im klimastabilen Keller erfolgt in neuen Deutsche-Eiche- und Ex-Bourbonfässern, mit einem Finish im Madeira-, Portwein-, Brandy- oder Sherryfass. Dass er auf dem richtigen Weg ist, zeigen die guten Bewertungen u.a. in Jim Murrays Whisky Bible. Zurzeit experimentiert er mit der Lagerung eines Whiskys im gebrauchten Islay-Fass. Man darf gespannt sein, ob der Whisky die Rauchnote der Islay-Whiskys annimmt.

Tastings finden häufig in gemütlicher Atmosphäre direkt in der Brennerei im Angesicht von Brennapparat und Maischbottich statt, sodass viele Fragen zum Thema Whisky anschaulich beantwortet werden können. Weil ein schwäbischer Whisky auch als solcher erkannt werden darf, gab Dannenmann seinen Malt und Grain Whiskys kurzerhand schwäbische Namen. Diese führen bei manchem Nicht-Schwaben zu fragenden Gesichtern. Musste der Brenner früher bei Veranstaltungen erklären, dass auch ein schwäbischer Single Malt ein Whisky aus 100 % Gerstenmalz ist, übersetzt er heute seinen »Gärschda Malz« mit »Single Malt«.

Führungen
Führungen mit Tasting für Gruppen ab 6 Personen können nach individueller Vereinbarung gebucht werden. Verschiedene Angebote stehen zur Auswahl – vom klassischen »Danne's Whisky Tasting« bis zum Tasting mit Owener oder ausgewählten weiteren schwäbischen Whiskys. Infos zu allen Varianten stehen auf der Website.

Die Bellerhof Brennerei ist Teil des **Schwäbischen Whisky-Walks.**

Highlight
»Make your own Whisky« Brenner für einen Tag – Thomas Dannenmann lässt sich in seiner Brennerei über die Schulter schauen. Und nicht nur das: Bei diesem Tagesseminar darf mit angepackt werden – vom Maischen bis zum Destillieren. Wer einmal Brenner für einen Tag sein möchte, sollte sich frühzeitig anmelden, da die Brenntermine jährlich in der Abfindungsbrennerei auf 13 Tage begrenzt sind.

Öffnungszeiten Hofladen
Mo–Sa 8–13 Uhr
und nach Vereinbarung

Anreise

Mit dem Zug nach Owen. Ca. 25 Minuten zu Fuß über Landwirtschaftswege zwischen Streuobstwiesen und Feldern.

Auto: Durch Owen Richtung Beuren, auf Höhe einer Reihe Pappeln links abbiegen und gleich wieder links zum Bellerhof.

Berghof Rabel

Thomas Rabel
Berghof
73277 Owen/Teck
Tel. +49 (0) 7021 86 19 61
info@berghof-rabel.de
www.berghof-rabel.de

Die Brennerei Rabel lässt sich nicht verfehlen: Fährt man die Landstraße von Owen Richtung Beuren und biegt auf Höhe der Pappelreihe links ab, schaut man direkt auf ein großes, rot getünchtes Gebäude mit hoher Fensterfront. Schon von außen gewährt sie einen vielversprechenden Blick auf die kupferne Albdinkel-Whisky-Schaubrennerei. 2009 wurde die Verschlussbrennerei in Betrieb genommen – Whisky wird hier von Thomas Rabel aber bereits seit 1990 gebrannt. Damals setzte er die Idee in die Tat um, die sein Vater nach der gemeinsamen Schottlandreise mit den Owener Brennern Christian Gruel und Fritz Beller mit ins Ländle gebracht hatte.

Die erste landwirtschaftliche Brennerei hielt 1958 Einzug auf den Berghof. Zunächst wurden Obstdestillate gebrannt, einige Jahre später kamen Kornbrände hinzu. Thomas Rabel lernte das Handwerk von seinem Vater, besuchte zudem Brennerkurse und eignete sich viel Wissen rund um die (Whisky-)Brennerei selbst an. Der Landmaschinenmechaniker und ausgebildete Landwirt übernahm 1994 mit 29 Jahren den elterlichen Hof samt Brennerei. Noch heute bewirtschaftet er an die 30 Hektar Ackerland und Streuobstwiesen – die Basis für seine Destillate und Whiskys.

Rabel »brennt« für seine Destillate und auch für die Kulturlandschaft der Schwäbischen Alb – das merkt man schnell bei einem Besuch der Brennerei und während der Führungen, wenn der Brenner mit Herzblut von seiner Arbeit berichtet. Nachhaltigkeit und der Erhalt der Kulturlandschaft sind ihm wichtig, sodass er sich ehrenamtlich stark engagiert und dadurch auch die Region bestens kennt. Seinen Whisky hat Rabel »OWEN« genannt. Aber nicht nur das Etikett soll als Hinweis auf die Region dienen. Jeder Whisky soll nach seinem Landstrich riechen und schmecken, lautet Rabels Prämisse. So verwendet er für seine Whiskys Weizen von den Feldern der Region, Gerstenmalz von kleinen Mälzereien auf der Schwäbischen Alb und Albdinkel von der Erzeugergemeinschaft schwäbischer Albdinkel, der im Biosphärengebiet auf der Albhochfläche quasi vor der Haustür wächst. Das Wasser ist Quellwasser vom schwäbischen Karststeingebirge. Zur Reifung setzt er im Unterschied zu vielen anderen Brennern nicht auf gebrauchte, sondern auf neue Fässer aus deutscher Kalkeiche. Und auch einen Whisky aus 100 % Albdinkel findet man selbst im Ländle nicht überall.

Bei einer Besichtigung der Brennerei klingt sanfte Hintergrundmusik ans Ohr.

Auch wenn der Schwabe schaffig ist, der Whisky darf entspannen. Sollte keine Zeit für eine Führung oder ein ausgiebiges Tasting sein, lohnt sich ein Besuch im Hofladen dennoch. Neben zahlreichen Bränden, Geisten und Whiskys gibt es einen Honig-Whisky-Likör, Whiskymarmelade und als ausgefallene Knabberei »Whisky Malz« zu entdecken.

Führungen

Mehrmals jährlich feste Termine für Brennereiführungen für Einzelpersonen. Kleine und große Gruppen können Führungen und Tastings von Februar bis Oktober individuell vereinbaren. Aktuelle Infos zu allen Tourvarianten und Termine stehen auf der Website.

Der Berghof Rabel ist Teil des **Schwäbischen Whisky-Walks.**

Highlight

Tasting im Holzfass – Ein besonderes Event kann für Kleingruppen von 4 bis max. 8 Personen gebucht werden: Verkostung im gemütlichen Holzfass »Zur dicken Rosa«. In dem 6.000-Liter-Holzfass wird ein Tasting zu einem ganz besonderen Erlebnis. Bevor es ins Fass geht, gibt es eine fachkundige Führung durch die Schaubrennerei und das Fasslager.

Öffnungszeiten Hofladen

Di–Do	14–18:30 Uhr
Fr	10–18:30 Uhr
Sa	10–14:30 Uhr

Anreise

Mit dem Zug nach Owen. Ca. 25 Minuten zu Fuß über Landwirtschaftswege zwischen Streuobstwiesen und Feldern.
Auto: Durch Owen Richtung Beuren, auf Höhe einer Reihe Pappeln links abbiegen und geradeaus zum Berghof Rabel.

Schwäbischer Whisky-Walk

Eine ideale Möglichkeit, mehrere Whiskybrenner und ihre Whiskys an einem Nachmittag kennenzulernen, bietet der Schwäbische Whisky-Walk in Owen. Owen ist quasi die Hochburg der Whiskybrennerei in Deutschland. Es ist der einzige Ort, in dem gleich drei Whiskybrennereien ansässig sind. Und das bei gerade mal knapp 3.500 Einwohnern.

www.schwaebischer-whisky.com/schwaebischer-whisky-walk/

Das Örtchen liegt idyllisch am Albtrauf zwischen dem Höhenzug »Baßgeige« und der Burg Teck. Die Teilnehmer der Tour werden am Bahnhof von der Schwäbischen Whiskybotschafterin Angela

Weis begrüßt und mit dem Tour-Equipment ausgestattet: Umhängetasche mit Kuli und Tastingkarten für Verkostungsnotizen, einem schwäbischen Whiskyglas und einer Flasche Wasser für zwischendurch. Alle drei Owener Whiskydestillerien werden in den nächsten fünf Stunden besucht inklusive Brennereiführung und ausgiebigen Tastings. Die gemütliche Wanderung, die auch von unerprobten Wanderern problemlos bewältigt werden kann, führt an Streuobstwiesen und Feldern entlang, denn zwei der drei Brennereien befinden sich etwas außerhalb des Ortes. Unterwegs weiß Tourguide Angela Weis viel Interessantes über das Biosphärengebiet Schwäbische Alb sowie von regionalen Sagen und historischen Begebenheiten zu berichten.

Sonderedition »Whiskywalker«

Beim Zwischenstopp auf den »Maienwasen« gibt es exklusiv für Tourteilnehmer ein Gläschen des »Whiskywalker«, ein Blended Swabian Whisky, der gemeinsam von allen drei Owener Whiskybrennern eigens für die Tour kreiert wurde. Auch für das leibliche Wohl ist gesorgt – zwischendurch gibt es zur Stärkung ein zünftiges Vesper.

So kompakt und hautnah zu erleben, wie unterschiedlich die jeweiligen Philosophien und Schwerpunkte der drei Brennereien sind und wie facettenreich ein Whisky dadurch sein kann, macht die Tour zu einem ganz besonderen Highlight.

Bosch Edelbrand

Andreas Bosch
Kirchheimer Straße 43
73252 Lenningen-Unterlenningen
Tel. +49 (0) 7026 78 81
info@bosch-edelbrand.de
www.bosch-edelbrand.de

In der Brennerei von Andreas Bosch herrscht Betriebsamkeit. Während in der großen Brennblase die Maische brodelt, sprudelt in der kleineren Brennblase daneben der Raubrand, um zum Feinbrand zu werden. Für die Verwendung von zwei Brennblasen zur Herstellung seines Whiskys hat sich der landwirtschaftliche Brennmeister 2008 entschieden; zuvor hatte er, wie viele andere deutsche Brenner, mit einer Brennblase und nachgelagerter Kolonne destilliert.

Bosch betreibt die Brennerei am Fuße der Schwäbischen Alb inzwischen in dritter Generation. 1948 hatte Großvater Johannes Renz mit dem Destillieren von Edelbränden begonnen, damals noch hauptsächlich Obstbrände aus Früchten von den heimischen Streuobstwiesen. Die Eltern führten diese Arbeit fort, und Andreas Bosch stieg in ihre Fußstapfen. Der landwirtschaftliche Brennmeister erweiterte die Produktpalette. 1997 wurde der erste Whisky destilliert.

Die Brennerei befindet sich heute in der ehemaligen Scheune des fast 300 Jahre alten Hofes. Gelagert wird der Whisky im einstigen Mostkeller. Hier herrschen über das Jahr nur geringe Temperaturschwankungen. Die langsame, sanfte Reifung seines Whiskys ist Bosch wichtig. Mindestens fünf Jahre ruht das Destillat in den Fässern. Mittlerweile ist auch

Holzbefeuerung der Brennblasen

eine limitierte Auflage eines 10-jährigen Grain Whiskys in Fassstärke im Angebot. Zur Brennerei bewirtschaftet Bosch rund 2,5 Hektar Ackerland mit Dinkel und Weizen, welche auch Basis für viele seiner Whiskys sind. So hat er bereits seit den Anfängen einen schwäbischen Whisky aus Albdinkel im Angebot. Bosch war einer der ersten Brenner, die den auf der Alb wachsenden Dinkel für die Whiskybrennerei entdeckten und so dem schwäbischen Whisky noch einmal eine besondere regionale Note verliehen.

Die Verwendung regionaler Rohstoffe und ein verantwortungsvoller Umgang mit Ressourcen sind Bosch wichtig. Auch die Brennblasen werden mit Holz, das von den eigenen Streuobstwiesen und aus dem umgehenden Wald stammt, befeuert. Bei der Lagerung greift er auf französische und ungarische Eichenfässer zurück, die er für sich anfertigen lässt und neu belegt. Das Finish erfolgt im Madeira-, Olorosso- oder PX-Sherryfass.

Führungen

Individuelle Führungen, Schaubrennen und Tastings inkl. schwäbischer Vesper können für Gruppen auf Anfrage gebucht werden.

Öffnungszeiten Hofladen

Mo–Fr	16–18:30 Uhr, Mi geschlossen
Sa	9–13 Uhr

oder nach telefonischer Vereinbarung

Anreise

Mit dem Zug nach Unterlenningen, ca. 7 Minuten zu Fuß.
Auto: A 8, Ausfahrt Kirchheim unter Teck Ost über B 465 nach Unterlenningen.

Übernachten/Essen

Da die zuvor aufgeführten Brennereien eng beieinanderliegen, finden Sie hier zentrale Übernachtungsmöglichkeiten als Ausgangspunkt für Touren:

*******Hotel Fuchsen***
Zentral gelegenes, modernes Hotel-Restaurant in der Zähringerstadt.

Untere Steinstraße 16
73230 Kirchheim u. T.
www.hotel-fuchsen.de

Bellerhof
Übernachten direkt beim Brenner – moderne Ferienwohnung mit drei Doppelzimmern, Zustellbetten möglich.

Berghof 1
73277 Owen
www.dannes.de

Hotel Restaurant Schwanen
Das Hotel liegt keine 200 Meter entfernt von der Brennerei Zaiser, gehobene regionale und saisonale Küche, hier können auch Destillate der Brennerei Zaiser genossen werden.

Schwanenstraße 1
73257 Köngen
www.schwanen-koengen.de

Burg Teck
Übernachtungsmöglichkeit für erprobte Wanderer, da die Unterkunft nicht mit dem Auto zu erreichen ist.

Teckstraße 100
73277 Owen
www.burg-teck-alb.de

Jesinger Straße 82
73230 Kirchheim u. T.
www.teckkeller.de

Gasthof Teckkeller

Gehobene regionale und saisonale Küche.

Max-Leuze-Straße 10–16
73252 Lenningen
www.sulzburghof.de

Sulzburghof

Café mit Frühstücks-, Kaffee- und Vesperkarte, idyllisch gelegen im Biosphärengebiet Schwäbische Alb.

Ammertal Brennerei

Volker Theurer
im Gasthof Lamm
Jesinger Hauptstraße 55–57
72070 Tübingen-Unterjesingen
Tel. +49 (0) 7073 918 20
info@lamm-tuebingen.de
www.ammertal-brennerei.de und
www.lamm-tuebingen.de

Zwischen Ammertal und Naturpark Schönbuch im Tübinger Vorort Unterjesingen lädt die Ammertal Brennerei von Volker Theurer zu einem Besuch ein. Auf den ersten Blick würde man dieses Kleinod kulinarischer Genüsse an der Hauptstraße nicht gleich vermuten. Der imposante Torbogen des Gasthofes weist dem Whiskyfan den Weg in den gemütlichen Innenhof. Dort ruht das geschäftige Treiben der Durchgangsstraße. Bei schönem Wetter laden Gartentische zum Verweilen ein.

Unterjesingen ist seit Jahrhunderten Weinbaugemeinde mit Besenwirtschaften und alljährlichem Weinfest. Aber auch das Schnapsbrennen hat im Dorf eine lange Tradition. Bereits 1878 wurde die Brennerei im Gasthof Lamm gegründet. Seit 1957 wird das historische Anwesen von Familie Theurer betrieben. Zur Brennerei gehören neben der Landwirtschaft mit Getreidefeldern, Streuobstwiesen und eigenem Weinberg auch ein

Restaurant sowie ein Hotel, sodass man sich bei einer Besichtigung der Brennerei mit ausgiebigem Tasting und Essen keine Gedanken über den Heimweg machen muss. Ein Genusshof – rundherum.

In der Ammertal Brennerei werden zahlreiche Obstbrände, Geiste und Liköre hergestellt. Der erste Whisky wurde von Volker Theurer Ende 1990 gebrannt. Der Brennerei-Verkaufsraum, in dem auch viele Tastings stattfinden, ist im ehemaligen Pferdestall des Hofes eingezogen. Dicke Mauern und alte Leiterhaken erinnern an damalige Zeiten. Auch die Namen von Theurers Whiskys nehmen Bezug auf die Geschichte der Brennerei und der Region. So ist der Original Ammertal Whisky »Black Horse« dem Rappen seines Großvaters gewidmet. »Prinz« hieß das Pferd, und es stellte sich auf Kommando auf die Hinterhufe. Der schwäbische Single Malt »Sankt Johann« erinnert an die einstige Außenstelle des Klosters Blaubeuren im nahen Hembachtal. Wofür »Vier Tannen« oder »Tammer« steht, erzählt der Brenner gern bei einer Brennereiführung.

Brennerei-Hund »Whisky« passt auf

Theurer ist gelernter Koch, sodass man nicht nur bei einem Tasting die verschiedenen Destillate verkosten, sondern auch im dazugehörigen Restaurant ein passendes Menü genießen kann. Das Fachwissen für die Brennerei hat er sich durch Lehrgänge und Weiterbildungen sowie ständiges Experimentieren angeeignet. Der mehrfach ausgezeichnete, schwäbische Whiskypionier probiert z.B. auf einer kleinen Anlage verschiedene Röstverfahren für ungemälztes Getreide. Das Wasser für seine Whiskys stammt aus der hauseigenen Quelle direkt aus dem nahe gelegenen Naturpark Schönbuch. Gebrannt wird zweifach im klassischen Pot-Still-Verfahren mit Rau- und Feinbrand. Bei der Lagerung im urigen Gewölbekeller kommen verschiedene Fassarten wie z.B. Süßwein- und Bourbonfässer sowie schwäbische Eiche zum Einsatz.

Übrigens: Die Ammertal Brennerei ist auch idealer Ausgangspunkt für den Besuch des Schwäbischen Whiskytages Anfang Oktober in Tübingen.

Führungen

Jeden ersten Samstag im Monat Brennereiführung mit Tasting und 5-Gänge-Destillatsmenü. Anmeldung erforderlich.
Führungen und Tastings für Gruppen ab 10 Personen können individuell vereinbart werden. Informationen und Termine auf der Website.

Öffnungszeiten Brennereiverkauf

Mo–Fr	8–12 & 14–18 Uhr
Sa	8–18 Uhr

Übernachten/Essen

Hotel Gasthof Lamm

Übernachten direkt beim Brenner. Hotel und Restaurant mit schwäbischer Küche.

Jesinger Hauptstraße 55–57
72070 Tübingen
www.lamm-tuebingen.de

******Hotel La Casa*

Modernes 5-Sterne-Hotel mit Restaurant und Wellnessbereich.

Hechinger Straße 59
72072 Tübingen
www.lacasa-tuebingen.de

****Hotel am Schloss*

Romantisches Hotel inmitten der historischen Tübinger Altstadt.

Burgsteige 18
72070 Tübingen
www.hotelamschloss.de

INTERVIEW: 5 FRAGEN AN HANS-PETER SCHWARZ

Hans-Peter Schwarz ist der Mann im Hintergrund. Viele schwäbische Whisky-Interessierte waren vermutlich schon bei einer seiner Veranstaltungen, ohne es zu wissen. Seit 2002 verkauft er in seinem Tübinger Geschäft & Café »Silberburg am Markt« regionale Produkte und Whiskys, war viele Jahre ehrenamtlich im Vorstand des Handel- und Gewerbevereins Tübingen tätig und ist heute Geschäftsführer der Marketing- und Eventwerkstatt »schwarz und gehilfen«. Er hat maßgeblich dazu beigetragen, den schwäbischen Whisky im wahrsten Sinne des Wortes in aller Munde zu bringen.

Bevor er sich der Vermarktung regionaler Produkte voll und ganz verschrieb, arbeitete er 20 Jahre lang als Wirtschaftsinformatiker und Datenschutzbeauftragter. Einen Bezug zu regionalen Produkten und der Brennerei hat der gebürtige Dettinger seit jeher. Sein Urururgroßvater betrieb bereits vor 190 Jahren eine Brennerei und Mosterei sowie die Schildwirtschaft »Zum Hirsch« in Owen. Die Gaststätte existiert nicht mehr, Streuobstwiesen und Brennrecht besitzt die Familie jedoch noch heute.

Seit Sie 2010 den ersten »Schwäbischen Whiskytag« in Tübingen eröffneten, gab es einen regelrechten Whiskyboom in Schwaben. Was hat Sie damals bewogen, sich mit dem Thema »schwäbischer Whisky« zu befassen?

Die Vermarktung regionaler Produkte liegt mir seit jeher sehr am Herzen. Als ich 2003 in den Vorstand des Handel- und Gewerbevereins Tübingen gewählt wurde, haben wir Vorstandsmitglieder uns die Aufgabe gestellt, ein paar einzigartige Dinge für Tübingen zu entwickeln, wie zum Beispiel die Regionalmärkte oder den Schokoladenmarkt. Whisky war eigentlich zu Beginn nicht mein Hauptthema. Ein Gespräch mit Volker Theurer von der Ammertal Brennerei gab schließlich den Anstoß, mich intensiver mit dem Thema »schwäbischer Whisky« zu beschäftigen. Mit Whisky kann man sehr viele Menschen erreichen. Whisky hat echte Liebhaber, die Menschen haben Interesse an dem Produkt. Das hat mich fasziniert.

Ich habe angefangen zu recherchieren und war überrascht, wie viele Whiskybrenner es im Ländle gibt. Dann gab es weitere Gespräche mit Volker Theurer. Er war mit die treibende Kraft für den »Schwäbischen Whiskytag«. Diese Idee haben wir dann zusammen mit meinem Freund Uli »Jacky« Braun, ein ausgesprochener Whiskyexperte, 2010 umgesetzt.

Was ist für Sie das Besondere am schwäbischen Whisky?
Whisky kann das ur-regionale Produkt sein. Und die Brenner hier in der Region schaffen mit viel Herzblut, den besten Rohstoffen und ganz viel Idealismus ein Produkt, das absolut für unsere Region und unsere Brennkunst stehen kann. Ich bin ein Unterstützer der »Slow Food«-Bewegung – und mehr »Slow Food« als bei Whisky geht nicht. Ich kenne kein anderes Lebensmittel, das sich so lange Zeit für eine Reifungsphase lassen muss und darf.

Wie kommt der schwäbische Whisky beim Kunden an?
Früher war ein schwäbischer Whisky der Exot, eher ein Gag-Geschenk, und am Anfang wurde man manchmal sogar wüst beschimpft. Schwäbischer Whisky – was ist das? Ein alter Most? Viele hielten Whisky für ein Produkt, das aus dem englischsprachigen Raum kommen muss. Ich habe mich verpflichtet gefühlt, darüber zu informieren, dass dem nicht so ist.

Die Einstellung hat sich zwischenzeitlich komplett geändert. Wir haben mittlerweile viele »Wiederholungstäter« und bekommen sehr gute Rückmeldungen. Wir haben heute auch eine ganz andere Breite an Brennern, an Produkten und verschiedenen Ausbauarten.

Besonders skeptisch waren die Scotchfans, aber viele haben sich geöffnet. Wenn die Menschen die Chance bekommen, Brenner zum Anfassen zu erleben, wo die Produktion eine Transparenz bekommt, ist das vertrauensbildend und man bekommt einen ganz anderen Bezug zu einem Produkt. Aber das muss erst einmal vermittelt werden, und da sehe ich uns mit unseren zahlreichen Veranstaltungen als Kommunikator, wir haben Tausende Interessierte in den letzten Jahren informiert und aufgeklärt. Zum Beispiel mit dem Schwäbischen Whisky-Walk, den sehe ich als einen Genusslehrgang, um den Menschen den Weg vom Korn zum fertigen Produkt hautnah zu zeigen.

»Silberburg am Markt« in Tübingen

Mit »schwarzstoff liquids« haben Sie eine eigene Destillats-Reihe auf den Markt gebracht. Wie kamen Sie auf die Idee?

Als mein Freund Jacky (Uli Braun) 2010 kurz nach dem ersten Schwäbischen Whiskytag ganz überraschend starb, wollte ich etwas tun, um ihn immer in Erinnerung zu halten. Er war ein leidenschaftlicher Whiskyexperte und ich habe beschlossen, ihm zu Ehren ein Fass Whisky zu brennen. Der Whisky sollte eigentlich »Schwarzer Jack« heißen. Wir haben das erste Fass gebrannt und haben uns daran gefreut. Im nächsten Jahr haben wir wieder ein Fass gebrannt. Der Whisky musste dann natürlich irgendwann abgefüllt und verkauft werden.

Und da kam die Idee, mehr daraus zu machen, eine ganze Familie: Nicht nur den Whisky, sondern auch Streuobstprodukte, Destillate und Most. Wir wollten eine junge, trendige Produktfamilie, um auch junge Menschen für die schwäbische traditionelle Brennkunst zu begeistern. Daraus wurde schließlich die »liquid family«. Und der Whisky heißt jetzt nicht »Schwarzer Jack«, sondern »Bro's High«.

Wie sehen Sie mit dem Wegfall des Branntweinmonopols Ende 2017 die Zukunft der Brennereiszene?

Für viele kleine Brennereien ist die Vermarktung ihrer Produkte ein Problem. Man erreicht die Kundschaft in unmittelbarer Umgebung, aber nicht darüber hinaus, und man möchte seinen Alkohol, den man jedes Jahr brennt, ja auch an den Kunden bringen. Die Brenner brauchen Partner, die bei der Vermarktung helfen. Ich kann mir vorstellen, dass sich Brenner mit Firmen wie uns, also mit Vermarktern, zusammentun oder dass es Richtung Genossenschaft geht, so wie bei den Weinbauern. Sodass mehrere Brennereien unter einem Dach vertreten werden, die Produkte zusammenfließen und man Cuvées oder bei Whisky Blendeds macht. Die müssen dann natürlich einer gewissen Qualität entsprechen, müssen geprüft sein, um einen Standard zu halten. Aber das würde mir gut gefallen. Wir haben nur dann eine Chance, mit unseren Produkten am Markt zu bestehen, wenn wir sie marktfähig machen, dass sie in die Masse gehen können und begeistern, sodass es sich für die Bauern und Brenner lohnt, die Obstwiesen und die Landschaft zu pflegen.

Doinich Daal

Sebastian Dürr
Kirchstraße 45
75387 Neubulach-Martinsmoos
Tel. +49 (0) 7055 92 90 29
info@blackforest-whiskey.com
www.blackforest-whiskey.com

Manchmal wird aus einer kleinen Spielerei eine Passion – so geschehen in einer Brennerei am Rande des nördlichen Schwarzwaldes. Die Doinich Daal Destillerie liegt auf der Nagold-Enz-Platte auf 632 Metern Höhe in Martinsmoos, ein sogenanntes Waldhufendorf und Teilort von Neubulach. »Hufen« hat allerdings nichts mit Pferdehufen zu tun, sondern kann grob mit »Gehöft« übersetzt werden.

Brenner Sebastian Dürr hat in diesem Sinne jedoch kein Gehöft, sondern arbeitet in dritter Generation in der familieneigenen Fruchtsaftkellerei und Brennerei. Das Handwerk des Brenners lernte er von seinem Großvater. Das Interesse an Whisky weckte sein Onkel in ihm, der sich seit jeher mit Whiskys aus aller Welt beschäftigt. 2002 beschloss Sebastian Dürr zusammen mit seinem Bruder Nicolas nach einigen Vorversuchen, auf der schon fast historischen hauseigenen Brennereianlage von 1965 einen Whisky zu brennen. Es ist insbesondere die Tradition, die Dürr an seiner Arbeit fasziniert, und er hatte klare Vorstellungen von seinem Produkt: Er wollte einen Whisky brennen, der zum Charakter der Region passt. Das raue Klima, die Fichtenwälder, aber auch die Obstwiesen und das weiche Wasser sollten sich im Destillat widerspiegeln. Doch das Ergebnis der ersten Versuche überzeugte Dürr nicht. Und als 2012 der

alte Brennapparat kaputt ging, stand der Gedanke im Raum, das Projekt zu beenden. Man kann sich eine Menge vornehmen, aber es funktioniert nicht immer, resümiert Dürr im Rückblick. Nun, zumindest nicht immer so, wie man es erwartet hat. Er mischte die jahrelang in verschiedenen Fässern gereiften Whiskys, schenkte seinem Onkel eine Flasche – und erhielt wenig später einen Anruf: Der Whisky gefiel seinem Onkel. So ermutigt, wurde das erste Batch abgefüllt und kam in den Laden, und Dürr wurde ein zweites Mal überrascht: Innerhalb einer Woche war das Batch ausverkauft. Der Rest ist schnell erzählt: Die Brennerei wurde repariert, und mittlerweile wurden mehrere Batches des Blackforest Single Malt Whiskeys gebrannt und gelagert. Das neueste Projekt ist ein rauchiger Malt, dessen Malz Dürr eigens über Holzfeuer gedarrt hat.

Die Brüder Dürr produzieren bislang ausschließlich Single Malts. Diese werden in verschiedenen Fässern gelagert – von Wein-, über Cognac- und Bourbonfässern bis hin zu Apfel-Aperitif-Fässern –, die sie eigenhändig vorbereiten und bei Bedarf reparieren. Sie sehen sich noch ganz am Anfang ihres »Whisky Trails«, sodass jedes neue Batch zu einer neuen Herausforderung und Erfahrung wird.

»Toasten« eines Fasses

Führungen und Tastings stehen zurzeit noch nicht auf dem Programm. Einige Informationen finden sich jedoch auf der

Website, und wenn man den Brenner vor Ort antrifft, ist er auch gern zu einem Gespräch bereit.

Eine kleine Besonderheit hat der Doinich Daal übrigens noch: Dieser Schwabe schreibt sich – im Gegensatz zu den meisten anderen schwäbischen Whiskys – mit »e«: »Black Forest Single Malt Whiskey«.

Öffnungszeiten Getränkehandel
Mo–Fr 9–12:30 & 14–18:30 Uhr
Sa 9–14 Uhr

Anreise

Mit dem Bus von Calw oder Nagold, Haltestelle Martinsmoos Rathaus, wenige Minuten zu Fuß.
Auto: Neubulach durchqueren und der Wildbader Straße nach Martinsmoos folgen, am Ende links abbiegen. Parkplätze vorhanden.

Brenner Sebastian Dürr prüft sein Fasslager.

Heckengäu-Brennerei

Leonard Wilhelm
Herdweg 6/1
75391 Gechingen
Tel. +49 (0) 157 31 34 32 38
info@heckengaeu-brennerei.de
www.heckengaeu-brennerei.de

Eine der jüngsten Brennereien in Schwaben ist die Heckengäu-Brennerei in Gechingen. Die Destillerie ist so jung, dass der erste Whisky frühestens 2020 erhältlich sein wird.

Aber ein Besuch lohnt sich bereits jetzt. Die schmalen Straßen, die in das alte alemannische Dorf führen, sind gesäumt von den ersten hohen Nadelbäumen des Schwarzwaldes. Die Brennerei von Leonard Wilhelm liegt am südwestlichen Ortsrand und gewährt schon von außen durch eine breite Fensterfront einen Blick auf die Brennblase.

Leonard Wilhelm ist Neueinsteiger – in seiner Familie gibt es keine langjährige Brennertradition. 2016, zum Ende seines BWL-Studiums, entstand die Idee, einen Whisky zu brennen – ein einzelnes Fass nur zum Spaß sollte es werden. Das ist in Deutschland jedoch nicht einfach so möglich. Die private Erzeugung von Alkohol durch Destillation ist seit dem 01.01.2018 verboten und war davor bereits sehr stark reglementiert (die Nutzung von Kleindestilliergeräten war nur mit einem Fassungsvermögen von maximal 0,5 l erlaubt). Da Wilhelm kein Stoffbesitzer ist, konnte er auch nicht in einer fremden Brennerei ein Fässchen destillieren. Dennoch fing er Feuer für die Idee und arbeitete sich in das Thema ein, schaute Brennern über die Schulter und besuchte Brennerkurse.

Er entwickelte ein Konzept für eine Brennerei inklusive Eventcenter und Verkauf von regionalen Produkten. In Gechingen fand er das passende Gebäude. Als auch noch die Zusage für eine Förderung durch die LEADER-Initiative (Förderprogramm der EU zur Entwicklung des ländlichen Raumes) kam, stand einer Unternehmensgründung nichts mehr im Wege. 2016 begann der Umbau des erworbenen Rohbaus, und im August 2017 brannte Leonard Wilhelm seinen ersten Whisky.

Bei einer Führung durch die Brennerei gibt es gleich zwei Destillierapparate zu bestaunen. In einer 500-Liter-Brennblase wird der Raubrand produziert, die zweite kleinere Destille inklusive Verstärkerkolonne wird für die Herstellung des Feinbrandes genutzt.

Wilhelms Whiskys sind reine Single Malts. Die Lagerung erfolgt in den ersten 1,5 bis 2 Jahren in neuen ungarischen oder bulgarischen Eichenfässern, die dem Destillat eine kräftige Eichennote verleihen sollen; das Finish erfolgt in Amaronefässern, für die besondere fruchtige Note.

Einen Namen hat Wilhelm auch bereits für seinen Whisky: »Hortar« – in Anlehnung an einen alemannischen König. Wer nicht bis 2020 auf den ersten Whisky warten möchte, kann sich mit dem »Moonshine – Hortar's Son« schon einen

Vorgeschmack auf die Whiskys holen. Neben Whisky und Moonshine hat Wilhelm auch einen eigenen Gin im Angebot.

Führungen
Termine für Whiskyseminare, Whiskydinner und Destillationslehrgänge stehen auf der Website. Veranstaltungen für kleine und große Gruppen können individuell gebucht werden.

Highlight
Destillationslehrgang Whisky – Nicht nur zusehen, sondern bei jedem Produktionsschritt – vom Einmaischen bis zur Destillation von Rau- und Feinbrand – mit anpacken. Tagesveranstaltung inkl. Verpflegung und Tasting.

Öffnungszeiten Shop
Do, Fr 14–19 Uhr
und nach Vereinbarung

Anreise

Von Calw mit dem Bus Richtung Sindelfingen, Haltestelle Gechingen im Gailer, ca. 10 Minuten zu Fuß.
Auto: Von der B 296 über die Landstraße nach Gechingen. Parkplätze vorhanden.

Übernachten/Essen

Hotel Restaurant Rössle

Traditionshotel mit klassischer schwäbischer Küche. Bietet sich als Ausgangspunkt für die Brennereien Doinich Daal und Heckengäu Brennerei an.

Hermann-Hesse-Platz 2
75365 Calw
www.roessle-calw.de

Destille im Eventlocal der Heckengäu-Brennerei

SCHWÄBISCHE EICHE & KNOW-HOW – KÜFEREI STREIB

Küferei Streib
Matthias Streib
Lange Straße 80
72116 Mössingen
www.streib-moessingen.de/kueferei.html

Ohne Holzfass gäbe es keinen Whisky, denn insbesondere durch die Fasslagerung erhält er seine Reife und geschmackliche Vielfalt. Die Verwendung von neuen und gebrauchten Fässern sorgt für ein breites Spektrum vielschichtiger Aromen.

Ein guter Grund, sich einmal anzuschauen, wie ein Fass entsteht. Der Beruf des Küfers – auch als Böttcher, Fassbinder oder Schäffler bekannt – ist ein harter Job. Man braucht Kraft, handwerkliches Geschick, Genauigkeit und ein Gespür für Holz. Zudem benötigt der Küfer ein umfassendes Wissen über das verwendete Holz und die Weine und Destillate, die später im fertigen Fass gelagert werden sollen. All das findet man bei Weinküfermeister Matthias Streib.

Nach einer dreijährigen Ausbildung zum Holzküfer und drei Jahren Gesellenzeit absolvierte Streib die Meisterschule. Gerade mal 23 Jahre jung, schloss er die Prüfung zum Weinküfermeister erfolgreich ab und übernahm die Küferei seines Vaters, die seit 1920 mittlerweile in der vierten Generation in Mössingen besteht.

Streib verwendet für seine Fässer schwäbische Eiche aus der Region: aus dem

Schönbuch und dem Rammert. Das Holz sucht er selbst vor Ort aus und bearbeitet es vom Stamm bis zum fertigen Fass. Durch das langsame Wachstum der schwäbischen Eiche ist das Holz sehr feinporig, was bei der späteren Nutzung eine geschmackliche Vielfalt und lange Lebensdauer verspricht. Das ist wichtig, will man das Fass doch öfter befüllen und soll es dem Wein oder Destillat intensive Aromen verleihen.

Das Holz wird in ganzen Stämmen in die Küferei geliefert, dort von Hand gespalten und auf Länge gesägt. Danach muss es liegen: Zwei bis fünf Jahre dauert es, bis das Holz die richtige Qualität hat, um weiterverarbeitet zu werden.

Die »Bretter«, die für die Fässer verwendet werden, heißen »Dauben«. In einem ersten Schritt werden die Dauben sortiert. Für ein Barriquefass mit einem Fassungsvermögen von circa 225 Litern werden im Schnitt 27 bis 32 Dauben benötigt. Sie werden auf die benötigte Länge gesägt und in Form gehobelt. Dabei lässt der Küfer Kopf und Ende etwas stärker als den Mittelteil, denn der Mittelteil muss biegsam sein. Als Nächstes »fügt« der Küfer die Fugen, d. h., sie werden seitlich abgeschrägt, damit sie sich zu einem Kreis zusammenstellen lassen.

Ein wichtiger Arbeitsschritt ist das Auslegen des Fasses. Dabei entscheidet der Küfer, welche Dauben für ein Fass verwendet werden. Hier ist Genauigkeit gefragt, denn das Fass muss am Ende einen vorgegebenen Umfang haben.

Ist die Auswahl getroffen, nimmt der Küfer einen metallenen Reifen (Halsreifen), in den er die einzelnen Dauben nebeneinander hineinstellt. Dann wird noch der etwas größere Bauchreifen um das Holz gelegt. Das entstandene Gebinde ist ein gerades Fass, ohne Boden und Deckel.

Dieses Gebinde wird nun über einem offenen Feuer erwärmt, gleichzeitig wird das Holz von außen befeuchtet. So kann das warme, nasse Holz gebogen werden, sodass die typische Fassform entsteht und sich die Lücken zwischen den Dauben schließen. Mit insgesamt sechs metallenen Ringen (je 2 Kopf-, Hals- und Bauchringe) wird das Holz fixiert. Die Ringe werden lediglich über das Holz gestülpt und festgeschlagen. Ein Fixieren der Metallreifen mit Nägeln am Holz ist nicht nötig.

Dann erfolgt das sogenannte »Toasten« des Fasses über dem offenen Feuer. Je stärker ein Fass getoastet wird, desto mehr Geschmacksstoffe werden freigesetzt. Je nachdem, was später in dem Fass gelagert werden soll, wird ein anderer Grad der Toastung benötigt. Nach dem Toasten wird die Nut am oberen und unteren Rand des Fasses eingefräst, und die vorbereiteten Deckel und Böden werden in das Fass geschlagen. Im

Anschluss wird es noch einmal rundherum gehobelt, und es folgt die Stunde der Wahrheit: die Dichtigkeitsprüfung. Dazu wird das Fass mit Wasser befüllt. Ist das Fass dicht, wird es noch einmal geschliffen und bekommt das Label der Küferei. Wenn nicht, muss nachgebessert werden.

Trotz Maschinen, die beim Sägen, Hobeln und Schleifen helfen, steckt in jedem Fass jede Menge anstrengende und genaue Handarbeit. Und die Nachfrage an hochwertigen Eichenfässern hat zugenommen, denn es wird wieder mehr Wein im Holzfass ausgebaut. Was die Whiskybrenner freut, denn dadurch sind mehr bereits belegte Holzfässer erhältlich, um darin wunderbare Whiskys zu lagern.

»Schwäbischer Whiskytag« in Tübingen

www.schwaebischer-whisky.com/schwaebischer-whisky-tag

Jeweils am ersten Samstag im Oktober findet im Rahmen des Regionalmarktes in Tübingen der »Schwäbische Whiskytag« statt. Zahlreiche Brenner sind mit ihren Produkten vor Ort, und die Besucher haben die Chance, verschiedene Whiskys zu probieren und mit den Brennern persönlich ins Gespräch zu kommen.

Tübingen, Neckar mit Hölderlinturm

Silberburg am Markt in Tübingen

Die Adresse für schwäbischen Whisky im Ländle – eine größere Auswahl dürfte schwer zu finden sein, ergänzt wird das Angebot um weitere Whiskys aus ganz Deutschland und »Continental Europe«. Zahlreiche Destillate können im Geschäft probiert werden, zudem finden regelmäßig »After-Work-Tastings« zu verschiedenen Themen statt.

Silberburg am Markt
Wienergäßle 1
72070 Tübingen
www.silberburg-am-markt.de

Weinhaus Beck in Tübingen

Das Weinhaus ist eine Institution in Tübingen. Neben zahlreichen Weinen gibt es eine stattliche Auswahl an Whiskys. Im Februar und November finden samstags Whiskytastings zu verschiedenen Themen statt. Ralf Schulz versteht es, mit Spaß und Fachwissen einen hochprozentigen Abend zu gestalten. Anmeldung erforderlich.

Weinhaus Beck
Am Markt 1/1
72070 Tübingen
www.weinhaus-beck.de

Whisky & Brot in Gomaringen

Café Kult
Raiffeisenstraße 1
72810 Gomaringen
www.wildbakers.de

Was passiert, wenn eine Edelbrand-Sommelière und ein Brot-Sommelier aufeinandertreffen? Sie stellen fest, dass sie mit denselben Rohstoffen arbeiten, und planen ein kombiniertes Tasting verschiedener Whiskys mit den dazu passenden Brotsorten. Edelbrand-Sommelière Angela Weis und Brot-Sommelier Jürgen Schmid von den Wild Bakers führen durch das Tasting der besonderen Art. Gespickt ist das Tasting mit viel Wissenswertem zur Geschichte und Degustation beider Produkte.

Whiskymesse in Herrenberg

Jedes Jahr im April findet in Herrenberg im Ringhotel Hasen die Herrenberger Whiskymesse statt. Der Schwerpunkt der zweitägigen Veranstaltung liegt auf der Präsentation unabhängiger nationaler und internationaler Abfüller. Neben Probierständen werden auch zahlreiche Seminare und Tastings angeboten.

www.alte-brennerei-holz.de/whiskymesse

Alte Brennerei in Herrenberg

In der ehemaligen Brennerei gibt es heute eine immense Auswahl an Weinen und Spirituosen inkl. einer großen Auswahl nationaler und internationaler Whiskys. Seminare und Tastings gehören zum regelmäßigen Veranstaltungsprogramm.

Alte Brennerei
Schulstraße 5
71083 Herrenberg
www.alte-brennerei-holz.de

UND SONST – AUSFLUGSTIPPS

Naturschutzgebiet Schopflocher Moor

www.naturschutz
zentrum-schopfloch.de

Nur wenige Kilometer entfernt von der Brennerei Bosch nahe des Lenninger Ortsteils Schopfloch gibt es eine Besonderheit: Auf der sonst karstigen Region der Schwäbischen Alb befindet sich auf den Überresten eines Vulkanschlotes ein Hochmoor.

Freilichtmuseum Beuren

www.freilichtmuseum-
beuren.de

Nicht weit von Owen entfernt lädt das Freilichtmuseum Beuren zur Besichtigung ein. Die historischen Wohn- und Wirtschaftsgebäude lassen die Geschichte der Landbevölkerung der Schwäbischen Alb lebendig werden.

Sektkellerei Kessler in Esslingen

Schon die Stadt Esslingen ist mit ihrer historischen, von kleinen Kanälen durchzogenen Altstadt einen Besuch wert. Im Zentrum befindet sich die älteste Sektkellerei Deutschlands. Hier reift der Sekt nicht im Tank, sondern im weitläufigen Gewölbekeller noch traditionell in der Flasche – von Hand gedreht.

www.kessler-sekt.de

Besucherbergwerk Neubulach

Neubulach war im Mittelalter die führende Bergwerkstadt im nördlichen Schwarzwald. Heute geben Führungen durch die weitverzweigten Stollen im wahrsten Sinne einen tiefen Einblick in die Arbeit der Bergleute.

www.bergwerk-neubulach.de

Schloss Lichtenstein

Das »Dornröschenschloss« liegt unmittelbar am Rande des Albtraufs auf 817 m Höhe und ist zu jeder Jahreszeit einen Besuch wert. Es befindet sich auch heute noch in privater Hand, ist aber für Besucher geöffnet.

www.schloss-lichtenstein.de

Göppingen
Heidenheim
Reutlingen
finch®
Whiskydestillerie
BAYERN
BADEN-
WÜRTTEMBERG
Ulm
Donau
Augsburg
SinGold Destillerie
Schwabenmalz/
Mälzerei Zimmermann
Brennerei Feller
Biberach
Landsberg
Memmingen
Senft Destillerie
Ravensburg
Kempten
Friedrichs-
hafen
Konstanz
Destillerie
Steinhauser
Allgäu
Brennerei
SCHWEIZ
Bodensee
Edelbrände Gierer
0 km
40
ÖSTERREICH

REGION SÜD

Der Süden und Südosten Schwabens erstreckt sich über die Schwäbische Alb bis zum Bodensee, umfasst das Allgäu und auch den Regierungsbezirk Schwaben im Freistaat Bayern. Entsprechend vielfältig und abwechslungsreich ist die Region. Bereits die Schwäbische Alb sorgt mit dem Übergang von der hügeligen Kuppenalb zur weitläufigen Flächenalb für Abwechslung. Plant man einen Ausflug, sollte man nicht außer Acht lassen, dass das Klima oben auf der Alb meist »einen Kittel kälter« ist als im Tal.

Weiter östlich geht es bei Augsburg an den äußeren Rand Bayerisch Schwabens. Im Landschaftsschutzgebiet »Augsburg – Westliche Wälder« finden sich viele Kilometer ausgeschilderte Rad- und Wanderwege, die an Weiden und Wäldern vorbeiführen, darunter der Schwäbisch-Allgäuer-Wanderweg.

Auch das Allgäu mit seiner Voralpenlandschaft und zahlreichen Seen bis hin zu den alpinen Bergen ist ideal für Outdoor-Aktivitäten geeignet, und schon bei

Kempten lässt sich in der Ferne ein Blick auf die Alpen erhaschen.

Am Bodensee wird das Klima gemäßigter – gut für den Obst- und Weinbau. Und so prägen Weinstöcke sowie Obst- und Hopfenplantagen die Region um Deutschlands größten Binnensee. Aber auch der Whiskybrennerei hat man sich in diesem Jahrtausend hier zugewandt. Das Radwegenetz ist gut ausgebaut, und so lassen sich die Brennereien am See bei einer Radtour erkunden.

Wendet man sich wieder Richtung Allgäu, kann der Iller-Radweg zum Whisky Trail werden – dieser führt von Oberstdorf nach Ulm an Kempten (Allgäu-Brennerei) und Regglisweiler (Brennerei Feller) vorbei.

Schloss Achberg im Hinterland von Kressbronn

finch® Whiskydestillerie

Auf knapp 700 Metern Höhe liegt die Brennerei der finch® Whiskydestillerie auf der Laichinger Alb im wahrsten Sinne im schwäbischen Hochland. Sie ist nicht nur eine der am höchsten gelegenen Brennereien, mit einer jährlichen Produktion von rund 250.000 Litern Whisky ist finch® zurzeit die zweitgrößte Whiskydestillerie in Deutschland und die größte in Schwaben. Täglich werden 1,5 bis 2 Tonnen Getreide in der 3.000 Liter fassenden Brennblase zu Alkohol verarbeitet.

Während Verwaltung und Destillerie-Shop sich in Heroldstatt befinden, steht die Brennerei zurzeit noch wenige Kilometer entfernt in Nellingen. Ein Umzug nach Ingstetten-Schelklingen ist 2019 geplant. Hier soll ein großer Erlebnispark entstehen mit Brennerei, Tastingräumen und Geschäft, ergänzt um einen Getreideartengarten und Präsentation regionalen Handwerks. Schauen Sie daher auf jeden Fall vor einem Besuch auf die Website der Brennerei.

Hans-Gerhard Fink ist Inhaber der Destille und Brennmeister mit Leidenschaft. 1999 wurde der erste Whisky gebrannt, damals noch auf einer wesentlich klei-

Hans-Gerhard Fink
Am Berg 5
72535 Heroldstatt
Tel. +49 (0) 7389 758 30-0
info@finch-whisky.de
www.finch-whisky.com

neren Abfindungsbrennerei. Der Whisky kommt bei Fink wortwörtlich vom eigenen Feld ins Glas. Von Haus aus ist Fink studierter Landwirt – auch heute noch bewirtschaftet er an die 400 Hektar, auf denen das Getreide für seine Whiskys wächst. Neben den klassischen Sorten Gerste, Weizen, Dinkel und Roggen werden auch alte Sorten wie Emmer und Einkorn angebaut und verarbeitet. Auf der Hochebene mit frischer Albluft können Getreide und die daraus entstehenden Destillate hervorragend gedeihen und reifen.

Das Geschäft des Brenners hat Fink in Eigenregie erlernt, als er die Gelegenheit bekam, mit der Brennerei Hofgut Aglishardt Destillate zu erzeugen. Als Landwirt mit Ackerbau und Viehhaltung (eigene Hochlandrinder) war ihm das Getreide näher als das Obst, und so war schnell klar, dass er keine Obstbrände produzieren wollte, sondern einen hochwertigen Getreidebrand. Hierbei überlässt er nichts dem Zufall – gemäß seinem Grundsatz »Von nix kommt nix« liegt die gesamte Produktionskette im eigenen Haus und wird vom Chef persönlich überwacht. Zum Mälzen mietet sich Fink in einer Mälzerei ein, um dort sein eigenes Getreide selbst zu mälzen. Gebrannt wird seit 2012 auf einer Pot-Still-Anlage mit nachgelagerter Kolonne, in der bis zu acht Böden zugeschaltet werden können. Das Resultat ist ein weicher Feinbrand, der nun wiederum mit Sorgfalt gelagert wird. Fink verwendet gebrauchte Fässer, Erstbelegung mit Weißwein, Rotwein, Port, Sherry, Madeira und auch Bourbon, in denen der Whisky vier, sechs, acht oder mehr Jahre in Lagerhäusern im rauen Klima der Schwäbischen Flächenalb reift.

Zur Produktpalette gehören Single Malts und Single Grain Whiskys sowie verschiedene Sondereditionen. Zur Fußball-WM 2018 gab es eine Sonderabfüllung »WM-Whisky«, die vier Jahre zuvor am Endspieltag der Fußball-WM destilliert worden war. Einen großen Teil des Erlöses aus dieser Sonderedition spendete Fink für einen guten Zweck. Verantwortung ist ihm wichtig. Auch beim Thema Alkohol. So unterstützt er die Initiative massvoll-genießen.de und wirbt für einen bewussten Umgang mit dem hochprozentigen Lebenswasser.

Finks Handwerkskunst, Sorgfalt und Kontinuität finden Beachtung. So wurden finch® Whiskys schon mit zahlreichen Auszeichnungen prämiert, u. a. mit drei Gold- und zwei Silbermedaillen bei den World Spirit Awards 2018, hinzu kamen die Goldmedaille als Distillery of the year sowie der Titel World Class Distillery.

Führungen
Brennereiführungen mit Tasting können individuell für Gruppen ab 10 Personen gebucht werden.

Öffnungszeiten Destillerie-Shop
Mo–Fr 8–12 & 12:30–16:30 Uhr

Anreise

Auto: A 8 bis Merklingen, von dort weiter über die Landstraße nach Heroldstatt. Parkplätze vorhanden.

Übernachten/Essen

Lange Straße 35
72535 Heroldstatt-Sontheim
www.landhotel-wiesenhof.de

Landhotel & Restaurant Wiesenhof
Das Hotel befindet sich in fußläufiger Entfernung zur Geschäftsstelle mit Tastingroom der finch® Whiskydestillerie.

Brennerei Feller

Roland Feller
Ziegelstraße 4
89165 Dietenheim-Regglisweiler
Tel. +49 (0) 7347 75 48
info@brennerei-feller.de
www.brennerei-feller.de

Inmitten des oberschwäbischen Voralpenlands steht die Brennerei von Roland Feller im idyllischen Illertal. Regglisweiler heißt das Dorf zwischen Ulm und Memmingen an der Grenze zu Bayern. Der staatlich anerkannte Erholungsort liegt auf über 500 Metern Höhe, eingebettet zwischen Feldern und Auwald nahe der Iller, und bietet bestes Klima für die Whiskyproduktion.

Roland Feller betreibt die Brennerei, die 1820 von Augustus Feller ursprünglich in Balzholz bei Nürtingen gegründet wurde, bereits in fünfter Generation. Der Umzug von Balzholz nach Regglisweiler erfolgte mit Großvater August Feller im Jahre 1903. In der Abfindungsbrennerei wurde bis 2008 hauptsächlich Obst gebrannt, dann entdeckte Roland Feller seine Leidenschaft für Whisky. Die Brennerei wurde zu einer Verschlussbrennerei ausgebaut, in der am 29.11.2009 der erste »new make« destilliert wurde. Unterstützung bekommt der Landwirtschaftsmeister und Brenner von Freund und Destillateur Werner Huber. Als einer der wenigen verfügt Feller über eine Destillationsanlage mit einer Verstärkerkolonne, in der sechsfach gebrannt wird. Werner Huber verfeinerte die Technik so, dass er die Temperaturen der Böden einzeln und besonders fein justieren kann. Damit erzeugt er ein hochprozentiges, reines Destillat, welches bereits nach wenigen Jahren Fasslagerung zu einem ausgewogenen und auch ausgezeichneten Whisky reift. Der »Valerie Single Malt Amarone Cask« wurde von Jim Murray mehrfach mit 95,5 von 100 Punkten ausgezeichnet. »I'm in love with Valerie«, liest man in seiner Whisky Bible. Und auch bei der Destillata in Wien erhielt der Whisky bereits Gold. Der Ausbau im Amaronefass ist nicht ganz einfach, verrät Werner Huber bei einer Führung, man muss den richtigen Zeitpunkt für die Abfüllung erwischen.

Für den Valerie Single Malt verwendet Feller einhundert Prozent Gerstenmalz, der Rye Malt wird entsprechend aus reinem Roggenmalz hergestellt. Hinzu kommt die Serie »Augustus«, bei der Grain Whiskys aus ungemälztem Getreide wie Weizen, Dinkel oder Emmer destilliert werden. Alle Getreidesorten werden regional bezogen und zum Teil selbst angebaut. Auch beim Fassmanagement überlässt Feller nichts dem Zufall. So werden die frisch geleerten Weinfässer direkt beim Winzer abgeholt und gleich befüllt. Neben verschiedenen vorbelegten Weinfässern kommen auch Bourbonfässer zum Einsatz.

Zur Brennerei gehört ein moderner Verkaufsladen, in dem die Destillate – neben Whisky auch Rum, Gin und Obstbrände – präsentiert werden und probiert werden können. Außerdem verfügt die Brennerei über ein großes Fasslager, welches so eingerichtet ist, dass hier sogar Veranstaltungen stattfinden können.

Führungen
Schaubrennen inkl. Drei-Gänge-Menü und Destillatsdegustation, i. d. R. freitagabends, nur mit Voranmeldung.
Führungen auch für kleine Gruppen können individuell gebucht werden.

Öffnungszeiten Hofladen

Mo–Fr	9–12 Uhr & 14–18 Uhr
Sa	9–12 Uhr

Anreise

Mit dem Zug nach Illertissen, Buslinie 70 Richtung Ulm, Haltestelle Regglisweiler-Raiffeisenbank, ca. 5 Minuten zu Fuß. **Auto:** A 7, Ausfahrt Senden oder Illertissen. Parkplätze vorhanden.

Übernachten/Essen

Hotel Peterhof

Modernes Hotel, verkehrsgünstig gelegen.

Kirchstraße 1
89165 Dietenheim
www.hotel-peterhof.net

Gasthaus und Pension Hosenmann

Kleine Pension und Restaurant mit schwäbischer Küche, fußläufig zur Brennerei Feller.

Brandenburger Straße 21
89165 Dietenheim-Regglisweiler
www.gasthaus-hosenmann.de

SchwabenMalz – Vom Korn zum Malz

Viele Whiskyfreunde hegen eine Leidenschaft für den Single Malt. Für das Brennen eines Malt Whiskys wird gemälztes Getreide – in der Regel handelt es sich hierbei um Gerste – benötigt, dessen Herstellung ein Prozess ist, der von den wenigsten Brennern in Schwaben selbst durchgeführt wird. Das gemälzte Getreide stammt häufig von den regionalen Mälzereien. Eine davon ist die Malzfabrik Ludwig Zimmermann in Laupheim-Baustetten. Sie ist eine von drei Mälzereien der SchwabenMalz-Gruppe. Täglich werden hier 100 Tonnen Getreide zu Malz verarbeitet.

SchwabenMalz GmbH
Malzfabrik Ludwig Zimmermann
Malzstraße 8
88471 Laupheim-Baustetten
www.schwabenmalz.de

Das heute mittelständische Unternehmen wurde 1928 in einem stillgelegten Brauhaus gegründet. Eine nahe stehende Wassermühle lieferte die notwendige Energie. Zur damaligen Zeit betrieben viele Brauereien eigene Mälzereien, doch begann man, diese Arbeit an spezialisierte Handelsmälzereien abzugeben.

Während des Zweiten Weltkrieges wurde der Import von Kaffeebohnen verboten und mit Malzkaffee ein Ersatzprodukt geschaffen. Die Handelsmälzereien wurden verpflichtet, das entsprechende Malz zu produzieren, sodass auch die Mälzerei Zimmermann einige Jahre als »Malz & Malzkaffeefabrik« firmierte. Heute werden in Baustetten verschiedenste Braumalze hergestellt – je nach Kundenwunsch aus regionaler Gerste oder Weizen, aber auch Spezialmalze aus anderen Getreidearten. Auf eigenen Versuchsfeldern werden zudem Neuzüchtungen für zukünftige Malze erprobt.

Um aus dem geernteten Getreide ein gärfähiges Malz zu produzieren, bedarf es mehrerer Schritte. Zunächst wird das Getreide sortiert und gereinigt. So vorbereitet kommt es in die sogenannte »Weiche«. Das ist eine Art großer Tank, in der das Getreide circa einen Tag lang in Wasser eingeweicht wird, damit das Korn Feuchtigkeit aufnimmt. Bis zu fünf Tage belässt man es anschließend im Keimkasten, dabei muss es die ganze Zeit feucht gehalten werden. Das Getreide beginnt zu keimen – die Samenschale wird gesprengt, und das Korn bildet Wurzel- und Blattkeime aus. Die hierbei entstehenden Enzyme sorgen dafür, dass beim späteren Maischen unlösliche Stärke in lösliche Maltose, d.h. gärfähigen Zucker, gewandelt werden kann. Das bei diesem Prozess entstehende Kohlendioxid hemmt die Keimung, daher wird das Getreide regelmäßig belüftet. Feuchtigkeit, Temperatur und Sauerstoff beeinflussen die Keimung und müssen sorgfältig überwacht werden.

gekeimte Gerste

Ist die Keimung weit genug fortgeschritten, wird sie durch Trocknung des Getreides – dem sogenannten Darren – abgebrochen. Hier ist der richtige Zeitpunkt entscheidend, denn ist der Keimling zu groß, entzieht er dem Korn Stärke, was später zu einer geringeren Alkoholausbeute führen würde.

Das durch die Keimung entstandene Grünmalz wird zum Trocknen auf dem Siebboden der Darre gleichmäßig ausgebreitet. Je nach Temperatur und Dauer der Trocknung entsteht helleres oder dunkleres Malz. Dementsprechend hat das Malz einen Einfluss auf die Färbung und den Geschmack des später daraus hergestellten Getränks. Ein helles Malz wird gut zwanzig Stunden bei bis zu 85 °C gedarrt, die Feuchtigkeit des Korns wird dabei von circa 45 % auf 3,5 % reduziert. Für ein dunkleres Malz kann die Temperatur auch bis zu 110 °C hinaufgehen.

Zum Schluss wird das fertige Malz im Entkeimer von Wurzelkeimen befreit und noch einmal gereinigt. In Silos lagert es schließlich bis zu seinem späteren Einsatz.

Aus Schottland sind Whiskys mit starkem Torfraucharoma bekannt, was unter anderem dadurch entsteht, dass das Getreide über Torffeuer gedarrt wurde. In Deutschland steht Torf vielerorts unter Naturschutz, daher ist diese Art der Befeuerung hierzulande nicht möglich. Manch ein Brenner experimentiert mit Darrversuchen beispielsweise über Buchenholzspänen oder mit Rauchmalz, was dem Whisky, wenn nicht torfiges, so doch ein spezielles rauchiges Aroma verleihen kann.

SinGold Destillerie

Hans-Jürgen Filp
Germanenstraße 1
86517 Wehringen
Tel. +49 (0) 8234 998 65-41
info@sin-gold.de
www.singold-whisky.de

Wer bei Augsburg nur an Puppenkiste denkt, war noch nicht im wenige Kilometer entfernten Wehringen. Ein Flüsschen durchquert den kleinen Ort nahe des Naturparks Westliche Wälder: die Singold – Namensgeber des Whiskys und der Erlebnisbrennerei von Hans-Jürgen Filp. Von außen ziert den Flachbau eine goldene Fassade, Inneneinrichtung und Wände sind in edlem Schwarz gehalten. Bauherr und Architekt wollten den Namen »SinGold« im Gebäude widerspiegeln, denn »sin« könnte in Anlehnung an die englische Sprache auch mit »Sünde« übersetzt werden – und hier gibt es »sündhaft schöne Genüsse«. Diese beschränken sich nicht nur auf den Whisky, der 2018 zum ersten Mal in der Verschlussbrennerei gebrannt wurde. Ergänzt wird das Angebot um den sommerlichen Gin »Hans-Jürgen«, benannt nach seinem Brenner, sowie verschiedene Kaffeevariationen der örtlichen Kaffeerösterei Bohnenschmiede, ausgewählte Zigarren inklusive Zigarren-Launch und einem Restaurant mit offener Showküche und Sonnenterrasse.

Die Geschichte der noch jungen SinGold Destillerie begann vor vielen Jahren an einer Hotelbar. Hans-Jürgen Filp war geschäftlich auf Reisen. Abends sah er einen Gast entspannt bei einem Whisky an der Hotelbar sitzen. Das animierte ihn dazu, sich ebenfalls einen Whisky zu bestellen – der erste seines Lebens und der Beginn einer Leidenschaft. Es blieb nicht allein bei Genuss und Verkostung des Lebenswassers. Als unabhängiger Abfüller begann er, besondere Scotch Whiskys unter der Marke SinGold zu vertreiben. Schließlich reifte die Idee, einen eigenen Whisky zu brennen. Diesen Plan setzte Filp 2012 zunächst bei befreundeten Brennern in die Tat um, sodass die ersten Fässer des selbst gebrannten SinGold Whiskys eingelagert werden konnten. Sowohl Single Malts als auch Grain Whiskys hat Filp mittlerweile im Angebot. 2017 eröffnete der Quereinsteiger schließlich seine eigene moderne Erlebnisbrennerei.

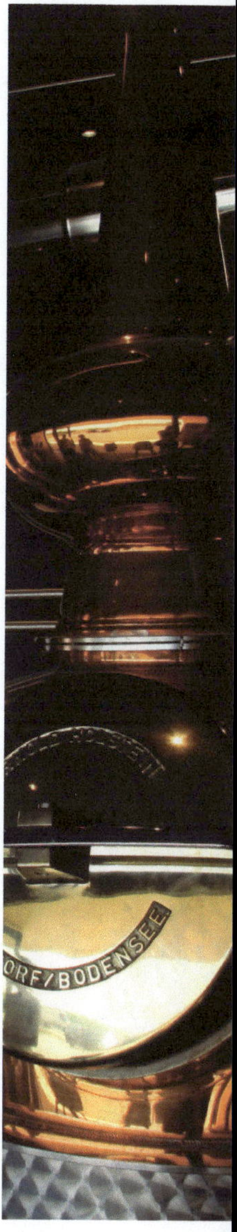

Filp ist ambitioniert und hat viele Ideen. Für seine Brennerei entwickelte er ein ausgefeiltes Konzept. Kommt man auf den Parkplatz der Brennerei, fällt der Blick auf die breite Glasfront, hinter der sich die kupferne 300-Liter-Brennblase und die Verstärkerkolonne vor dem schwarzen Hintergrund glänzend abheben. Die Destille steht direkt neben dem Verkaufsraum. Man kann dem Brenner bei der Arbeit zuschauen. Ebenfalls gut einzusehen ist das Fasslager – hier setzt Filp auf Temperaturvarianz. Das Lager ist nicht isoliert, sodass die Wärme des Sommers und die Kälte des Winters hereinströmen können, wodurch starke Temperaturschwankungen möglich sind und das Destillat im Fass intensiv arbeiten kann.

In seinen Räumen präsentiert Destillateur Filp nicht nur eigene Produkte, sondern bekommt auch regelmäßig Besuch von Ambassadeurs anderer internationaler Brennereien, die durch Tastings führen.

Führungen

Mehrmals im Jahr Tastings zu verschiedenen Themen, Live-Brennen sowie Tastings mit Dinner im SinGold Restaurant. Aktuelle Termine auf der Website.
Tastings für Gruppen sind nach persönlicher Vereinbarung möglich.
Nach Tasting- und Genussabenden wird z. T. auch ein Shuttle-Service zum Bahnhof nach Bobingen angeboten.

Highlight
»Create your own Cask« – Filp bietet dem Whiskyfan die Möglichkeit, seinen eigenen Whisky individuell zusammenzustellen und zu brennen, dabei entscheidet der Kunde über die Getreiderezeptur, das verwendete Fass und die Lagerzeit, und er kann live bei der Herstellung dabei sein.
Alle Infos dazu auf der Website.

Öffnungszeiten
Fr 16–19 Uhr
Sa 10–13 Uhr
oder nach persönlicher Vereinbarung

Anreise

Mit dem Zug nach Bobingen, weiter mit Bus Richtung Schwabmünchen, Haltestelle Wehringen-West, zu Fuß ca. 15 Minuten.
Auto: B 17 Richtung Bobingen. Parkplätze vorhanden.

Übernachten/Essen

Pension am Kirchberg

Nur Übernachtung ohne Frühstück, aber eine Bäckerei ist nebenan, zehn Minuten zu Fuß zur SinGold Destillerie.

Nördliche Hauptstraße 2
86517 Wehringen
www.pension amkirchberg.de

*****Hotel Schempp*

Business- und Tagungshotel mit Sauna- und Fitnessbereich. Zum Hotel gehört

Bischof-Ulrich-Straße 2
86399 Bobingen
www.hotel-schempp.de

ein Restaurant mit vietnamesisch-eurasischer Küche, und hier gibt es auch den SinGold Whisky.

Allgäu-Brennerei

Allgäu-Brennerei
Günther GmbH
Gewerbepark 1
87477 Sulzberg
Tel. +49 (0) 8376 92 99 20
info@allgaeu-brennerei.de
www.allgaeu-brennerei.de

Im Herzen des Allgäus, nur wenige Kilometer von Kempten entfernt, befindet sich die Allgäu-Brennerei, die von Destillateurmeister Stephan Günther mittlerweile in der vierten Generation geführt wird und auf eine abwechslungsreiche Geschichte zurückblicken kann. Die Ursprünge des Familienbetriebes gehen zurück bis ins Jahr 1914, als Urgroßvater und Küfermeister Alfons Fischer eine Weinkellerei in Kempten eröffnete. Schwiegersohn Kurt Günther Senior baute das Angebot aus und nahm zu den Weinen auch Liköre hinzu. Schon bald wurde aus der Weinkellerei ein Großhandel. Mit dem Umzug nach Waltenhofen verlagerte die dritte Generation der Familie Günther den Großhandels-Schwerpunkt auf Spirituosen wie Obstbrände, Liköre und Geiste.

Mit Stephan Günther erfolgte eine weitere Neuorientierung in der Produktion. Sein Ziel war es, nicht nur Edelbrände für den Großhandel zu produzieren, sondern auch eigene Produkte aus den regionalen Rohstoffen in eigenen Flaschen anzubieten. So kam zum bestehenden Großhandel 2012 der Standort in Sulzberg hinzu, mit großem Verkaufsraum, Brennerei und Lager für die verschiedenen Destillate. Zur Eröffnung am 27.10.2012 gelangte der erste Whisky der Allgäu-Brennerei in den Verkauf. Inzwischen sind verschiedene Single Malt und Grain Whiskys im Angebot, wobei Günther den Fokus verstärkt auf den Malt Whisky legt.

Hat man keine Führung gebucht, kann man zumindest vom Verkaufsraum aus durch ein Fenster einen Blick auf den großen kupfernen Brennapparat werfen, dessen Brennblase 650 Liter fasst. Gebrannt wird in der Kolonne, die jedoch nicht über die klassischen Glockenböden, sondern über fünf moderne Whirlböden verfügt, die für eine verbesserte gezielte Dampfführung sorgen.

Eine weitere Besonderheit bei der Destillation ist, dass der zweite Mittellauf (das ist der Anteil des Destillats, der in den Übergangsphasen von Vor- zu Mittellauf bzw. von Mittel- zu Nachlauf entsteht) einen zweiten Brennvorgang durchläuft, sodass hier das Beste noch herausdestilliert werden kann und das Destillat viele Aromen behält.

Die Lagerung der Destillate erfolgt in neuen sowie gebrauchten Eichenfässern mit unterschiedlichen Toastingstufen, gefolgt von einem Finish im Portweinfass. 2018 wurden die Präsentations- und Lagerräume erweitert, wobei auch ein neuer uriger Whiskykeller gebaut wurde,

in dem der Whisky zukünftig reifen kann. Bei der Führung unter fachkundiger Leitung wird viel Wissenswertes zur gesamten Produktionskette von der Herstellung bis zum Verkauf der verschiedenen Destillate vermittelt, natürlich inklusive intensiver Einblicke in die Herstellung des Allgäu-Whiskys und anschließender Verkostung.

Führungen
Jeden Donnerstag um 17:30 Uhr für Einzelpersonen inkl. kleiner Verkostung. Für einen Aufpreis kann die Führung durch den Whiskykeller dazugebucht werden. Mit Voranmeldung.
Führungen für Gruppen ab 10 Personen können individuell gebucht werden.
Whiskytastings im Whiskykeller der Brennerei sind in Planung (aktuelle Informationen auf der Website beachten).

Öffnungszeiten Verkaufsladen

Mo, Di, Do	9–17 Uhr
Mi, Fr	9–18 Uhr
Sa	9–14 Uhr

Anreise

Mit dem Zug nach Kempten, weiter mit Buslinie 30 Richtung Moosbach, Haltestelle Seebad, wenige Meter zu Fuß.
Auto: Die Allgäu-Brennerei liegt direkt an der A980, Ausfahrt Durach. Parkplätze vorhanden.

Übernachten/Essen

Gasthof Pension Seerose

Ruhiger, familiengeführter Gasthof mit regionaler Küche, nur wenige Hundert Meter von der Allgäu-Brennerei entfernt.

Burgratzestraße 4
87477 Sulzberg
www.seerose-sulzberg.de

Destillerie Steinhauser

In Kressbronn spielt die Musik – genauer gesagt im »Whisky-Stadl« von Martin Steinhauser. Von morgens 6 bis abends 19 Uhr dürfen sich die reifenden Whiskys an Kressbronner Blasmusik erfreuen, dezent, leise im Hintergrund, man möchte den Whisky in Schwingungen versetzen, aber nicht zu sehr aufregen.

Steinhauser GmbH
Martin Steinhauser
Raiffeisenstraße 23
88079 Kressbronn
T: +49 (0) 7543 93 97 60-0
mail@weinkellerei-steinhauser.de
www.weinkellerei-steinhauser.com

Der Weg zur Brennerei ist gesäumt von Obst- und Hopfenplantagen, Banner weisen von Weitem den Weg. Auf dem Hof steht zur einen Seite der Whisky-Stadl, zur anderen befinden sich Brennerei und Weinmanufaktur samt Verkaufsräumen mit umfassendem Angebot. Neben den eigenen Whiskys gibt es im »Whiskyroom« eine Auswahl von mehr als 350 Whiskys aus aller Welt zu entdecken. Steinhauser ist ein alteingesessenes Familienunternehmen. Gegründet 1828 von Albert Steinhauser, führt Martin Steinhauser den Betrieb in vierter Generation, und auch die fünfte Generation ist mit seinen Söhnen bereits im Unternehmen im Einsatz. Die Produktpalette wurde mit der Zeit ausgeweitet von Edelbränden über Liköre bis hin zum eigenen Kressbronner Wein. Zahlreiche Prämierungen von Weinen und Destillaten zeugen von stetiger und hoher Qualität.

Martin Steinhauser ist mit der Region eng verbunden, bodenständig und gleichzeitig umtriebig und immer auf der Suche nach neuen Herausforderungen. Als er die Gelegenheit bekam, eine Brennereianlage mit Pistorius-Becken aus dem Jahre 1890 zu erwerben, zögerte er nicht. Pistorius-Becken wurden 1817 als Teil des Pistorius-Brennapparats von Johann Heinrich Leberecht Pistorius in Berlin-Weißensee entwickelt – damals eine Revolution in der Destillationstechnik.

Die Anlage wurde restauriert, und am 29.09.2008 konnte der erste Single Malt Whisky vom Bodensee destilliert werden. Der Tag der ersten Abfüllung wurde mit Bedacht gewählt: 11.11.2011 – der Namenstag Steinhausers. Im Namen des Whiskys »Brigantia®« spiegelt sich die Verbundenheit zur Region wider: In alten Aufzeichnungen des römischen Gelehrten Plinius findet der heutige Obersee als Lacus Brigantius Erwähnung. 2020 soll der erste 12-jährige Whisky erscheinen. »Constantia®« wird er heißen – der alte römische Name von Konstanz.

Neben der Lagerung seiner Destillate im Whisky-Stadl probiert Steinhauser auch gern mal Extravagantes aus. So gingen

2018 erstmalig vier Fässer mit dem Schiff »Schwaben« für ein Jahr auf Bodenseetour. Hierzu wurde eigens im Bug des Schiffs Raum geschaffen, um die Fässer sicher zu transportieren. Nach ihrer Reise wird der Whisky als Sonderedition erhältlich sein. Bei der Auswahl des Schiffs behielt Steinhauser die Herkunft seines Whiskys im Blick: Die »Schwaben« wurde 1919 in der ehemaligen Bodan-Werft in Kressbronn gebaut. Das Schiff steht heute zum Teil unter Denkmalschutz und wurde 2017/18 im Stil des Art déco der 1930er Jahre restauriert.

Dem Unternehmer liegt auch der direkte Kundenkontakt am Herzen. So gründete er 2012 den ersten Bodensee-Whisky-Club, der mittlerweile mit mehr als 500 Mitgliedern zu einem der größten Whiskyclubs in Deutschland zählt. Der Vorteil für die Mitglieder: Zugriff auf exklusive Whiskyraritäten, jährliche Einladung zum Whiskywandertag mit ausgiebiger Verkostung sowie Vorabinformationen über Veranstaltungen und Neuheiten.

Führungen

Führungen und Tastings sind nach persönlicher Vereinbarung möglich. Es werden nicht nur Führungen und Tastings für eigene Produkte angeboten, sondern auch zahlreiche Seminare zu verschiedenen Themen mit hochkarätigen Fachleuten veranstaltet. Termine stehen auf der Website.

Die Brennerei Steinhauser ist Teil der **Bodensee-Whisky-Tour.**

Öffnungszeiten Ladengeschäft

Mo–Fr	8–12 & 14–18 Uhr
Sa	8:30–12:30 Uhr

Anreise

Mit dem Zug nach Kressbronn. Vom Bahnhof ca. 20 Minuten zu Fuß.
Auto: Die Brennerei liegt nahe der B 467. Parkplätze vorhanden.

Übernachten/Essen

Hotel Sonnenhof

Sonnenhof 8
88079 Kressbronn, OT Retterschen
www.sonnenhof-bodensee.de

Komfortables Hotel mit Gästehaus und Fitness- und Spa-Bereich. Gehobene heimische Küche mit mediterranem Einschlag.

Teddybärenhotel

Nonnenbacher Weg 33
88079 Kressbronn
www.teddybaerenhotel.de

Bäriges Hotel mit Bärenschmaus-Stube mit regionaler Küche im Zentrum von Kressbronn. Übernachtungen können inklusive Teddybär gebucht werden.

Max & Moritz Gasthaus Brauerei

Weinbichl 6
88079 Kressbronn/Berg
www.maxmoritz-bier.de

Gasthaus mit eigener Brauerei, Biergarten inkl. See- und Bergblick.

Edelbrände Gierer

Edelbrände Gierer
Auf der Egg 1
88131 Bodolz
www.gierer.li

Die Edelbrand-Brennerei von Edelbrand-Sommelier Robert Gierer befindet sich auf seinem Hofgut in Bodolz. Unweit des Ferienörtchens Wasserburg im Landkreis Lindau liegt die Brennerei umgeben von Streuobstwiesen auf einer leichten Anhöhe, die einen Blick auf den Bodensee erhaschen lässt. Gierer betreibt die Brennerei in vierter Generation. Den Schwerpunkt hat er dabei auf den Obstdestillaten – bekannt ist sein »Elvados«, ein Brand aus Elstar-Äpfeln im Eichenfass gelagert. Aber Gierer hat auch seit einigen Jahren einen eigenen Single Malt Whisky im Angebot, 4 Jahre im Ex-Bourbonfass gelagert.

Seine Destillate liefert er unter anderem an verschiedene Sternehäuser bundesweit, aber so weit muss man nicht suchen. Vor einigen Jahren wurden die ehemaligen Lagerräume des Hofes renoviert und zu einem ansprechenden und geräumigen Hofladen mit Degustierfläche umgebaut. Von außen gewähren wuchtige Torbögen Einlass, innen sorgt viel Holz für eine gemütliche Atmosphäre, in der sich entspannt Gierers Destillate probieren lassen.

Öffnungszeiten

Mo–Fr 9–12 & 14–18:30 Uhr
Sa 9–15 Uhr

Anreise

Mit dem Zug nach Wasserburg, ca. 30 Minuten zu Fuß.
Auto: von der B 31 Richtung Bodolz, Wasserburg. Parkplätze vorhanden.

Tagesausflug: Bodensee-Whisky-Tour

www.bodensee-whisky-tour.de

Eine entspannte Möglichkeit, Whiskys vom Bodensee kennenzulernen, bietet die eintägige Bodensee-Whisky-Tour. Unter fachkundiger Leitung von Edelbrand-Sommelière Silke Senft erfahren die Teilnehmerinnen und Teilnehmer viel Wissenswertes zum Thema Whiskyherstellung, -geschichte und -verkostung sowie Interessantes über die Bodenseeregion. Startpunkt ist – jetzt müssen die Schwaben stark sein – im badischen Überlingen. Im modernen Reisebus werden die Teilnehmer abgeholt. Zur Begrüßung erhält jeder Gast das Tour-Equipment in Form von Umhängetasche, Bodensee-Whiskyglas, Tastingkarten und Kugelschreiber. Und dann geht es auch gleich zum ersten Highlight. Durch die von Streuobstwiesen und Feldern geprägte Landschaft fährt der Bus ein Stück ins Hinterland nach Salem-Rickenbach zur Besichtigung der Senft Destillerie. Nach einer informativen Brennereiführung mit Brenner Herbert Senft und Besichtigung des Fasslagers – inkl. Verkostung eines Whiskys direkt aus dem Fass – folgt im modernen Hofladen die erste ausgiebige Degustation des Tages. Von Salem geht die Tour weiter zum Zisterzienserkloster Birnau. Bei einer kurzen Führung erfahren die Gäste Interessantes über die Geschichte des Klosters. In der Mittagspause kann man den wunderschönen Blick über den Bodensee genießen oder zur Einkehr einen kurzen Spaziergang durch die Weinberge hinunter zum Rebmannshof machen.

Anschließend geht es weiter nach Kressbronn zur Steinhauser Whiskydestillerie. Martin Steinhauser empfängt seine Gäste in seinem »Whisky-Stadl« und lässt die Whiskyenthusiasten ebenfalls ein Destillat frisch aus dem Fass verkosten. Es folgt eine Führung durch die Brennerei, wobei auch Einblicke in die hauseigene Obstbrennerei und Weinkelterei geboten werden. Am Ende der Tour dürfen weitere Whiskys des Hauses probiert werden.

Fasslager der Senft Destillerie

Auf der Rückfahrt nach Überlingen berichtet Tourguide Silke Senft interessante Details zur Bodenseeregion. Und schon erwartet die Teilnehmer das nächste Highlight: In Überlingen empfängt Brenner Marco Waibel die Gäste auf der Galerie des Weinlokals Weinstein. Das Restaurant in einem alten historischen Gemäuer in der Altstadt bietet für ein Tasting genau das richtige Ambiente. Waibels Whisky trägt die Brennerphilosophie auf dem Etikett: »Keyne Eyle«. Auch er hat eine Auswahl an hochwertigen Whiskys mitgebracht, und die Whiskyfans haben Gelegenheit, Raritäten des Hauses zu probieren.

Die Bodensee-Whisky-Tour bietet die Möglichkeit, sich unter fachkundiger Reiseleitung dem Thema Whisky und seiner Herstellung zu widmen, Einblicke in verschiedene Bodensee-Brennereien zu bekommen und zahlreiche Whiskys (und auch andere Brände) zu verkosten. Und das alles bei herrlicher Aussicht über den Bodensee – mit etwas Glück inklusive Alpenpanorama. Die Sichtung eines Zeppelins ist gewiss.

Senft Destillerie

Zugegeben – die Senft Destillerie liegt nicht in Schwaben, sondern im südbadischen Salem, im Hinterland des Bodensees. Genauer gesagt in Rickenbach, dem kleinsten Ortsteil der Gemeinde, im Tal der Salemer Aach. Da die Brennerei Teil der Bodensee-Whisky-Tour ist und einiges zu bieten hat, soll sie hier kurz vorgestellt werden.

Dorfbachstraße 10
88682 Salem-Rickenbach
Tel: +49 (0) 7553 88 31
info@senft-destillerie.de
www.senft-destillerie.de

Gegründet wurde die Senft Destillerie 1987 von Kellermeister Herbert Senft. Auch in Rickenbach kamen – wie bei vielen Abfindungsbrennereien in Süddeutschland – die Obstbrände vor den Kornbränden. Als Tochter Silke 2002 in die Brennerei mit einstieg, wuchs der Gedanke, die Produktpalette von Obstdestillaten um Getreidebrände zu ergänzen. So wurde 2007 die Abfindungsbrennerei um eine Verschlussbrennerei erweitert, und der erste Single Malt Whisky konnte in Rickenbach gebrannt werden. Dem Single Malt ist man bis dato treu geblieben. Bei der Fasslagerung setzt das Vater-Tochter-Gespann auf die Verwendung vorbelegter Fässer. Das Destillat reift nach dem Brennen zunächst in Ex-Rotweinfässern, im Anschluss im Bourbonfass, und zum Finish geht es ins Sherryfass.

Es gibt regelmäßige Brennereiführungen, die anschließende Verkostung findet im 2014 neben der Brennerei neu gebauten Ladenanbau statt. Von der Verkaufsfläche führen ein paar Stufen hinauf zum Degustierbereich mit mehreren Tischen vor einer hohen Fensterfront. Hier ist Platz für kleine und große Gruppen. Wenn man gerade in der Bodenseeregion ist, darf man ruhig mal zum »Grenzgänger« werden und sich von der fachkundigen Brennerin und Edelbrand-Sommelière Silke Senft in die Geheimnisse der Whiskyherstellung und -verkostung einweihen lassen.

Brennerfamilie Senft

Öffnungszeiten Hofladen
Mo–Sa 8–20 Uhr

Führungen
Führung mit Tasting mehrmals jährlich freitags und samstags. Aktuelle Termine auf der Website.
Für Gruppen ab 15 Personen können individuell Führungen und Tastings vereinbart werden.

Die Senft-Destillerie ist Teil der **Bodensee-Whisky-Tour.**

Übernachten/Essen

******Landgasthof Apfelblüte***

Markdorfer Straße 45
88682 Salem-Neufrach
www.landgasthof-apfelbluete.de

Gemütliches, modernes Hotel-Restaurant, wenige Kilometer von der Brennerei entfernt.

Whiskytasting auf dem Bodensee

Ein Genusserlebnis bei einer abendlichen Seefahrt auf dem Bodensee-Whisky-Schiff. Begleitet wird die Fahrt von einem Whiskytasting, zahlreiche Informationen zum Thema, dazu ein 3-Gänge-Menü und passende Musik.

www.konstanz-tourismus.de/erleben-entdecken/essen-trinken/genuss-schiffe.html

UND SONST – AUSFLUGSTIPPS

Höhlen im Geopark Schwäbische Alb

www.geopark-alb.de/de/geopark-erleben/hoehlen.php

Die Schwäbische Alb gilt als eine der höhlenreichsten Gegenden in Europa, über 2.600 Höhlen sind bisher bekannt. Viele können mit Führung oder teils auch auf eigene Faust erkundet werden und im wahrsten Sinne tiefe Einblicke in die Erdgeschichte geben.

Infozentrum – Biosphärengebiet Schwäbische Alb

www.biosphaerengebiet-alb.de

Die Schwäbische Alb ist ein von der UNESCO anerkanntes Biosphärengebiet. Einen guten Überblick mit Ausstellung und zahlreichen Veranstaltungen bietet das Hauptinformationszentrum beim ehemaligen Truppenübungsplatz in Münsingen.

Fuggermuseum in Augsburg

www.fugger.de

Knapp 20 Kilometer entfernt von der Sin-Gold Destillerie liegt Augsburg, dessen »Fuggerei« die älteste Sozialsiedlung der Welt ist. Drei Gebete täglich sind Bestandteil des Mietvertrages. Das Fuggermuseum gibt Einblicke in das Leben gestern und heute.

Pfahlbauten in Unteruhldingen

Im archäologischen Museum in Unteruhldingen am Bodensee wird mit den nachgebauten Pfahlbautensiedlungen das Leben in der Stein- und Bronzezeit wieder lebendig. Bei den »Offenen Führungen« informiert in jedem Haus ein Spezialist über Leben und Arbeiten der Zeit.

www.pfahlbauten.de

Pfahlbauten in Unteruhldingen

FÜR OBERGSCHEIDLE – GLOSSAR

Abfindungsbrennerei – Die Brenngeräte stehen nicht unter zollamtlichem Verschluss. Die Alkoholmenge – und dementsprechend die Steuer – wird nach Art und Menge des angemeldeten Materials im Voraus festgesetzt. Das Kontingent ist auf maximal 300 Liter/Jahr begrenzt.

Barrique – Eichenfass zum Ausbau von Wein und Lagerung von Whisky und Bier. Umfasst in der Regel ein Volumen von 225 bis 228 Litern.

Blend – Verschnitt verschiedener Whiskys – sowohl Single Malt als auch Grain Whiskys – aus verschiedenen Destillerien.

Bourbon – Bourbon stammt ursprünglich aus Kentucky und steht für amerikanischen Whiskey mit mindestens 51 % Maisanteil.

Butt – Fass mit einem Volumen von 500 Litern.

Darren – Trocknung des Getreides auf dem Darrboden, um die Keimung beim Mälzen zu stoppen.

Double Wood – Der Whisky wurde nacheinander in zwei verschiedenen Fasssorten gelagert.

Dram – Das Trinkmaß für ein Glas Whisky. Das Wort stammt ursprünglich aus dem Schottischen, wird heute aber international verwendet.

Fassstärke / Cask Strength – Der Whisky wird nach der Lagerung ohne Herabsetzung des Alkoholgehalts auf Trinkstärke abgefüllt.

Feinbrand / new make – Das Destillat am Ende des Destillationsprozesses.

Fermentation – Vorgang, bei dem aus einer zuckerhaltigen Flüssigkeit durch Zugabe von Hefe eine alkoholische Flüssigkeit entsteht.

Finishing – Das Destillat wird nach mehrjähriger Lagerung in einem Fass in ein anderes Fass umgefüllt, um ihm zum Ende noch einen besonderen Schliff zu verleihen.

Gärbottich / Washback – Behälter aus Holz oder Metall, in dem zuckerhaltige »Würze« durch Zugabe von Hefe in alkoholische Flüssigkeit verwandelt wird. Die daraus entstehende Flüssigkeit wird »Bier« oder »wash« genannt und hat einen Alkoholgehalt von etwa 7 bis 9 % vol.

Grain Whisky – Whisky aus ungemälztem Getreide.

Grist – Zu grobem Schrot zerkleinertes Getreide, welches zur Herstellung eines Whiskys/Whiskeys benötigt wird.

Irish Whiskey – Nur Whiskey, der in Irland hergestellt wurde, darf sich auch »Irish Whiskey« nennen. Wird häufig dreifach destilliert.

Kolonnen-Verfahren – Hierbei handelt es sich um einen von dem Iren Aenaes Coffey und dem Schotten Robert Stein entwickelten, säulenförmigen Destillierapparat mit mehreren Böden. Heute gibt es zahllose Varianten mit unterschiedlicher Anzahl von Böden. Man unterscheidet zwischen kontinuierlichem und diskontinuierlichem Verfahren.

Kühl gefiltert/chill filtered – Das Destillat wird stark heruntergekühlt. Dies wird gemacht, um bei starken Temperaturschwankungen (z. B. bei Aufbewahrung des Destillats im Kühlschrank) ein Ausflocken und damit eine Trübung des Destillats zu verhindern.

Malt – Der englische Begriff für Malz (gemälztes Getreide).

Maischbottich/Mash Tun – Behältnis für das Maischen. Grist wird in heißem Wasser eingeweicht, um die Zuckerbestandteile zu lösen. Die Flüssigkeit, die dabei entsteht, heißt »Würze« (engl. »Wort«).

Mittellauf/Heart – Auch »Hauptlauf« oder »Herz« genannt. Nur der mittlere Lauf des Destillats enthält den gewünschten Trinkalkohol und wird abgefüllt.

Nachlauf/Tail – Dritter Anteil des destillierten Alkohols, der jedoch nicht verwendet wird, da er zu viele Fuselstoffe enthält.

Nosing-Glas – Das klassische Trinkgefäß, um einen Whisky zu verkosten. Es hat eine runde, bauchige Form, die sich nach oben hin verjüngt, sodass das Aroma des Whiskys im Glas bleibt. Es gibt verschiedene Ausführungen mit langem, dünnem Stiel oder auch kurzem, dickem Fuß – sowie das schwäbische Nosing-Glas.

Peated – Das Malz wurde über Torffeuer gedarrt und hat daher rauchige und torfige Aromen, die es an das Destillat abgibt.

Pot still – Destillierapparat vor allem in schottischen Destillen, zwiebel- oder birnenförmig, d. h. unten breit und bauchig, nach oben verjüngt sich der Kupferkessel, und über einen Hals wird das Destillat zum Kondensator geleitet. Man unterscheidet zwischen »wash still« für den ersten Destillier-Vorgang und »spirit still« für den zweiten Durchlauf. (Wird dreimal destilliert, gibt es noch eine »intermediate still«.)

Raubrand / Low Wine – Das Destillat, das aus dem ersten Destillationsvorgang hervorgeht.

Schwäbischer Whisky – Whisky, der entsprechend der europäischen Spirituosenverordnung erzeugt und in Schwaben hergestellt wurde.

Scotch Whisky – Nur Whisky, der in Schottland produziert wurde, darf sich Scotch Whisky nennen. Zudem muss er vor seiner Abfüllung mindestens drei Jahre in Schottland in Eichenfässern (max. 700 l) gelagert worden sein und eine Trinkstärke von mindestens 40 % vol aufweisen.

Single Malt – Whisky, der aus einer Destillerie stammt und aus 100 % Malz (meistens Gerste) destilliert wurde.

Single Cask – Abfüllung des Whiskys aus einem einzigen Fass.

Stoffbesitzer – Personen, die eigene, selbst gewonnene Rohstoffe (i. d. R. Obst) in einer fremden Brennerei verarbeiten.

Tennessee-Whiskey – Tennessee-Whiskey muss in Tennessee, USA, hergestellt worden sein und mindestens 51 % Maisanteil haben.

Toasten – Ausbrennen eines Fasses, um die Aromen im Holz freizusetzen.

Tumbler – Ein kurzes Trinkglas mit dickem Boden und gerade hoch verlaufender Wand. Ursprünglich war der Tumbler rund, sodass er leicht umfiel – daher rührt sein aus dem englischen stammender Name: tumble = fallen, stürzen.

Uisge Beatha – Das Wort Whisk(e)y leitet sich aus dem gälischen »uisge beatha« ab, was so viel bedeutet wie »Wasser des Lebens«. Im Laufe der Zeit entstanden Zwischenformen, woraus der heute bekannte »Whisk(e)y« wurde.

Vatted – Verschnitt mehrerer Whiskys, jedoch werden hier – im Unterschied zum Blend – nur reine Single Malt Whiskys miteinander vermischt.

Verschlussbrennerei – Die Brenngeräte stehen ständig unter zollbehördlichem Verschluss.

Vintage Whisky – Jahrgangswhisky, mit Angabe des Jahres, in dem er abgefüllt wurde.

Vorlauf/Head – Erster Anteil des destillierten Alkohols, der jedoch nicht genommen wird, da er u. a. auch Methanol enthält.

Zuckerkulör – Auch Zuckercouleur oder E 150. Einziger gesetzlich erlaubter Zusatzstoff im Whisky zur Färbung des Destillats. Muss auf dem Etikett angegeben werden.

ÜBER DIE AUTORIN

www.sybille-baecker.de

Sybille Baecker ist gebürtige Niedersächsin, lebt jedoch seit mehr als 20 Jahren im Ländle. Eine Schottlandreise weckte ihre Leidenschaft für das Thema Whisky. Die Entdeckung des schwäbischen Whiskys folgte vor einigen Jahren im Rahmen einer Destillatsverkostung beim Brenner im Nachbarort. Seither hat sie sich im Ländle umgesehen, zahlreiche Brennereien vor Ort besucht und sich intensiv mit dem Thema beschäftigt. Sie ist Autorin einer Krimireihe, deren Hauptfigur wie sie selbst eine Passion für Whisky hegt, sodass ihre Lesungen häufig von einem Whiskytasting begleitet werden.

EIN PAAR WORTE ZUM SCHLUSS

Whisky ist ein vielschichtiges, facettenreiches Getränk, und ich hoffe, ich konnte Ihnen mit diesem Buch einen guten Einblick über die Whiskybrenner in Schwaben geben. Sollten Sie auf eine schwäbische Destillerie stoßen, die in diesem Buch noch nicht aufgeführt wurde, es aber verdient, erwähnt zu werden, freue ich mich über Ihre Nachricht.

Ohne die Unterstützung der vielen Brennerinnen und Brenner in Schwaben hätte ich dieses Buch so nicht schreiben können. Ein ganz herzlicher Dank Ihnen allen für die tiefen Einblicke, Ideen und Inspirationen, die ich bei meinen Besuchen Ihrer Brennereien bekommen habe! Des Weiteren gilt mein Dank Angela V. Weis für die Unterstützung bei der Arbeit an diesem Buch sowie Robert Mitschang für Tipps und Anregungen. Ich danke dem Dryas Verlag und Sandra Thoms für ihr Vertrauen und die gute Zusammenarbeit. Und ich danke von Herzen meinem Mann Frank für seine Unterstützung in allen Lebenslagen!

Und noch eine Bitte:
Vergessen Sie bei aller Freude am Genuss nicht, dass Whisky hochprozentiger Alkohol ist. Gehen Sie verantwortungsvoll mit diesem Genuss um und lassen Sie Ihr Auto nach einem Tasting bitte stehen.